一開口撩人又聊心

被異性喜歡，被同性肯定，
不冷場、不辭窮、不尷尬、不被句點的人際互動課

瑪那熊（陳家維）——著

推薦序

不用再找了，就是這本！

海苔熊

如果你這輩子只想買一本追求伴侶的書，那麼不用再找了，就是這本。市面上的書大概可以分成兩類：

◆技術取向：看起來好像好厲害，可是很容易讓你有一種「這樣做會不會太油了」「好像在操弄人心喔！」的感覺。

◆走心取向：請你相信自己、建立信心，看完之後握緊拳頭，覺得自己好像有點希望，眞正上場實戰，卻又沒有武器，不知道該如何往前。

這本書結合上述兩者優點，也同時迴避了兩者的缺點，內容非常扎實，從理論、舉例、各種可能被打槍的情況，到練習和表格整理都有，CP值超高，我自己也受用無窮，以下是我認爲書中重點中的重點：

形：外型穿搭

很多人會覺得「我有內在就好了，外表不重要」，或是「我的外表已經夠糟糕了，只有重新投胎才能解救我的命運」。事實上並非如此，只要打扮合宜，就握有入場的門票。書裡說明了各種NG穿搭方式、在不同場合應該怎樣打扮，以及「穿衣服可以展現你的品味」的概念。沒錯，你認爲的「好」很好，但前提是人家要願意進到你家才能夠看到，好的穿搭就是第一扇門！

音：故事調味料

很多人喜歡上網蒐集一些跟自己無關的經歷或笑話，以爲可以在約會時派上用場，可是沒有經過自己消化的笑話，講出來只會讓自己變成一個笑話，以至於冷場尷尬，不知如何收尾。爲什麼有些笑話別人講起來很好笑，但你講起來卻很難笑？其實這就像是同樣的食材，經過不同的廚師料理之後，味道也會不同。你的聲音、手勢、個性和說話的情境，就如同廚藝與調味料，搭配得宜便美味可口，若胡亂加油添醋，吃起來只會覺得格格不入、畫蛇添足。這本書提供了很多Know how，可以從聲音、語調及說話的場合，並且觀察對方反應，調整你說話方式，讓「聊天」這道菜更美味可口。

義：豐富的生活經驗跟故事

你可能會說，有再好的技巧有什麼用，我連菜都還沒買啊！沒錯，聊天很多時候缺的其實是「故事」，你可能自覺人生乏味，不值得一提，不過聊天這件事不一定要講自己的豐功偉業，即使是平凡的小事，也可以講得生動有趣。問題就在於，你不習慣「整理和調味你的故事」。

延續前面的比喻，其實你自己就是一個菜園（或農場），甚至還有養豬養雞養鴨，有些時候只要學習料理的步驟（架構好一個故事），用現有的材料就可以說出很動人的故事。當然，如果你的農場家徒四壁，也可以拓展自己的興趣，就像到菜市場買菜一樣。我大推這本書的另一個地方是，瑪那熊興趣廣泛，所以書中的註解有很多「豆知識」，光是從註解就可以學會很多有趣的東西（尤其是美食和旅遊，也是大家最容易開啓的話題）。

哏：提問、鋪哏、互動技巧

既然是聊天，就不能是一言堂，本書的經典是採取「互動」觀點。坊間很多把妹書會教你「展現高價值」（DHV），而忽略了溝通是一個雙向過程，如果你一直說你很強很霸氣，對方只會覺得你好棒棒，然後在不知不覺中把對方越推越遠。關於互動，書中提到兩個特殊觀點：

◆重點不是你說了什麼，而是你要邊說邊觀察：

我去演講時，常有聽眾問我：「到底要怎麼聊他才會愛上我？」人際關係的互動很複雜，如果只是一味的想講什麼「厲害的話」來吸引對方，除非你條件非常好，否則失敗的機率應該很高。以網路訊息來說，你可以觀察對話視窗是不是從頭到尾都只有一個顏色（就是只有你單方面傳出的訊息），如果是，就別再窮追猛傳了，透過觀察可以知道此時的聊天究竟是「拉近關係」還是「增加壓力」。

◆脆弱的力量：

書中不只一次談到正向和負向情緒事件，通常一開始認識時，會給別人正面、有趣、好玩的印象，但如果永遠只停在這個部分，其實很難拉近兩人的關係。所以如果對方願意向你透露一些負面心情、最近發生的倒楣事，同樣的，你也願意分享一點自己的失敗經驗，再搭配如何克服失敗的過程，或許會讓關係更友好，也會給對方留下好印象，這個過程稱之爲「V型倒轉」。許多研究顯示，不論是呈現脆弱（vulnerability）①、自我揭露②，或者是讓對方幫助你③、覺得他很了解你④，都是增加親密感的重要因素。

總之，聊天的核心在於一來一往的互動，選擇使用類似的語言、和對方建立默契，有點像是打網球一樣，漸漸找到適合彼此的步調，才是更親密的關鍵。

從這本書開始脫胎換骨

當然，書裡面還有非常多實用的資訊，例如：

◆採用「相對距離」而不是「絕對距離」判斷他對你的話題是否感興趣

◆讚美的力道要能夠拿捏好，有時「輕、薄、短、小」，有時要「具、大、長、久」（我在書裡面看到這四個字的時候噗哧一聲笑出來）

◆QSQ技巧。

一邊讀一邊眞的覺得，這本書眞的是聚集瑪那熊這幾年來演講和寫作的結晶，如果你沒有機會去上他的課，或者是上了課之後還有一些來不及記下來的，那麼這本書就是最好的「吸引力筆記」。

最後我想說，眞正重要的並不是怎樣才能進入對方的心，而是在你不斷練習自己表達的過程當中，你有沒有變成一個更懂得人際交往的人。看完這本書之後，不一定能立刻脫單脫魯，但如果你願意跟著書裡面的步驟一步一步練習，保證能夠脫胎換骨。

註釋——

① Epstein, R.（2010）. Fall in Love and Stay That Way. Science American Mind, January.

② Laurenceau, J.-P., Barrett, L. F., & Pietromonaco, P. R. (1998). Intimacy as an interpersonal process: the importance of self-disclosure, partner disclosure, and perceived partner responsiveness in interpersonal exchanges. Journal of Personality and Social Psychology, 74(5), 1238.

③ Kepecs A, Uchida N, Zariwala HA, Mainen ZF (2008) Neural correlates, computation and behavioural impact of decision confidence. Nature 455(7210):227–231.

④ The Benjamin Franklin Effect | The Science of Love
https://www.youtube.com/watch?reload=9&v=eMsxYztfrvA

前言

聊天能力非天生，後天學習逆轉勝

男孩坐在咖啡廳靠窗第二桌，這是店裡最棒的位子：採光明亮、沙發柔軟，與吧檯維持著能享受咖啡香，又不會過於吵雜的距離。這是他提早兩週預定的成果，也調查了這家店有哪些招牌餐點，以及隱藏版立體拉花。萬事俱備，男孩忐忑等著女主角的到來，想到等一下要跟朋友介紹的對象約會，不自覺繃緊了肩膀。

門開，俏麗短髮的女孩走進來，左右張望。他認了出來（慶幸朋友給的不是「照騙」），揮手招呼。

「哈囉，我是Bella，Jimmy的大學同學。」女孩親切笑著。

「啊，妳好，我是……」男孩因爲緊張，聲音小到即使坐在對面也聽不清楚。

「不好意思，你說你叫？」女孩有禮貌地發問。

「喔，我叫阿瑋。」男孩介紹了自己名字，然後句點。

點完餐後的互動，則成爲他（或許也包括她）一輩子不願再想起的回憶：

「妳做什麼工作？」「週休二日嗎？」「會很忙嗎？」「租房子還是通勤？」「我剛換工作。」「我興趣是看電影。」

隨著不斷拋出問題與冷場，男孩注意到對方的笑臉漸漸僵掉，半個小時後，女孩一臉歉意說家裡臨時有事得先離開，留下茫然、尷尬的男孩，自責沒能把握住機會。

阿瑋何許人也？我們身上或多或少都有著阿瑋的影子：面對好感天菜，不知如何靠近對方；進入了新單位，無法與同事自在互動；參加活動聚會，很難與人建立關係。心理學大師阿德勒曾說：**「所有困擾與問題都來自於人際」**，當我們不知怎麼表達、互動，與對方之間便有著深不見底的隔閡，也就無法擁有良好的人際關係，更別說一段幸福愛情。

聊天能力並非天生，而是學習取得，正如某首老歌歌詞：「三分天註定，七分靠打拚」。然而這堂人生必修課卻未被納入學校課程，多數人只能在徬徨焦慮中嘗試，從遺憾嘆息中摸索。少了一個阿瑋，還有千千萬萬個阿瑋，不斷錯過機會與緣分，甚至成爲邊緣人或母胎單身迄今。你努力進修，擁有豐富知識與素養，卻因爲不知如何表達，只能看著高手輕鬆結交朋友，被眾人與歡笑聲圍繞。你，甘心嗎？

自己明明也是個性善良、腦袋不差，雖未必是高富帥、白美正，基本面也有一定水平，卻因為不懂怎麼展現優勢，只能不斷聽說某大神身旁又換了人，遍地桃花。你，甘心嗎？

想像一下，如果有套架構清楚的方法，可以從洗滌盲點，瞭解互動本質開始，再結合心理學與實戰經驗，循序漸進地讓你學會各種聊天技巧，並告訴你如何做足準備，拉高每次約會、互動的勝率，且從內到外增進個人魅力。甚至，這套方法附有大量實例、練習，讓你輕鬆學習、快速提升吸引力，而非淪為紙上談兵。聽起來很不錯，對吧？

其實，你不需要想像。這本書就是為了幫你拉近與別人的關係。不管你撩的是男是女，也無論你想聊的是同事、朋友、伴侶或約會對象，我已經幫你準備好所需武器，帶你走上這趟翻轉人生的冒險旅程。沒有空泛幹話、艱澀理論和譁眾取寵的聳動文字，只有實用有效的豐富內容。想要悠遊於關係之中，你所缺的只是一個機會！

現在，就讓我們出發吧！

目錄 Contents

中級班：拉近距離的「說問聽」三元素

進階班：化被動為主動的三個技巧

讓關係不再挫折

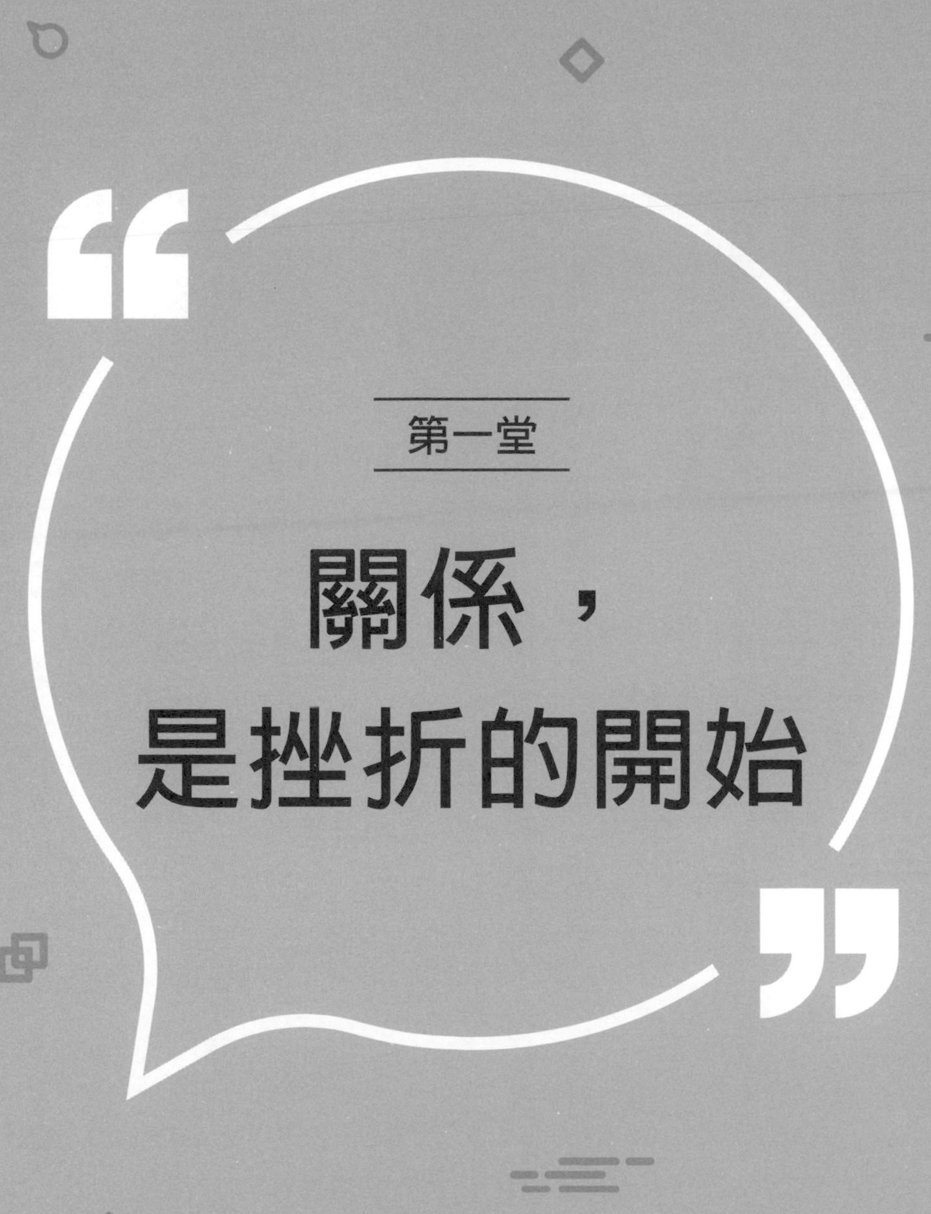

第一堂

關係，是挫折的開始

1-1 沒「關係」，就 Hen 有關係！

「人們需要關係嗎？」

面對這看似深奧的問題，大多數人，包括正在讀這本書的你，想必會異口同聲回答：「當然需要！」若進一步詢問：**「爲什麼我們需要關係呢？」**你會怎樣回答呢？與別人互動到底有什麼意義，值得我們花這麼多時間、精力去學習方法、認識對方、經營關係，以及維繫感情？

「嗯，因為可以各取所需啊，不然怎麼生活？」

「說到底，人際或愛情是建立在某些利益之上。」（接著發表「有錢就有伴」「車馬砲」理論，以下一千字省略……）

「如果問的是愛情嘛，不就是為了繁衍後代？生物本能啊！」

「為了合作吧?!現在媒體跟商業人士都超愛講這個。」

在百百種答案中，我不反對合作、利益交換這類從經濟角度來看關係的說法。畢竟社會分工精細，套句老祖宗的話「一日之所需，百工斯爲備」，我們需要其他人協助，才能完成各種目標：小至一份餐點，大至一個理想或創意的實踐，很難「完全」由個人獨自產出。生活或工作中多數需求，可以透過支付金錢、勞力等方式換取，至於是否等價，要看個人手段。而有些你希望得到的協助，甚至無法靠單純互換取得，需要本書主題「關係」的介入。我們與人互動、建立情誼，有時候的確是爲了得到方便或好處（當然，我們也供給對方所需）。若生活或工作缺少了關係，那可就大有關係！你可能找不到幫忙的夥伴，只能單打獨鬥成爲邊緣人，搞不好還會被人扯後腿。

除了實質利益（別誤會，不只是金錢，亦包括給予建議、提供服務等方式），人們爲什麼需要關係呢？如果物質或生活上走極簡風，不需要跟別人交換什麼好處，那還需要建立關係嗎？

英國心理學家約翰．鮑比（John Bowlby）半個多世紀前，提出了他對關係的看法：人類天生就有與人接近的需求。當我們剛降臨這個世界，仍是嗷嗷待哺的嬰兒時，就已開始運用各種方式吸引他人靠近：哭、笑、輕輕擺動四肢。爲什麼需要如此？從鮑比的**「依戀理論」**（Attachment Theory，亦稱爲「依附理論」）來看，這能有效幫助我們存活下來，畢竟此時嬰兒無法靠自身力量上廁所、進食、調整周圍溫度（若看到嬰兒自己按冷氣遙控器應該會嚇死）。此外，他們也無法用口語表達需求，無時無刻都得倚靠別人照顧。因此，吸引別人、建立關係，才能滿足嬰兒的生理需求、提升存活機率。而且對逐漸成長的嬰兒來說，「關係」不只是生理協助，還涉及心理層面的穩定。若依戀對象（通常是主要照顧者，如父母）在嬰兒發出「需要幫助」訊號時，能提供舒適環境、給予溫暖回應，嬰兒將從中得到安全感，並產生越來越多自信，以及願意探索世界、接觸他人的勇氣。

雖然我們長大後可以照顧自己的生活起居，不再需要倚靠別人存活，卻仍然會透過關係建立避風港，以因應來自這瘋狂世界的各種挑戰。依戀對象也逐漸從父母擴展到其他人際關係（好友、知己、閨蜜等），以及最具影響力的愛情伴侶。每個人心中都有依戀需求，渴望在自己被風暴襲擊時，有人願意包容、接納、關心我們的負面情緒。

當自己被討厭的小人同事背刺，主管又不相挺時，你是否期待能在下班後找兄弟或閨蜜好好吃頓晚餐，訴苦一番？

或者當你遇到天菜，是否希望身邊有個好友充當軍師，陪你一起想辦法邀約對方，而且在進展不順時，陪你舒壓解怨氣？

又或許你希望能有個亦師亦友的夥伴，在面臨重要抉擇時聆聽你的兩難，緩和焦慮、分析局勢。

相信多數人都想擁有這樣的關係：當我們因爲生活各種不順而低落、煩躁甚至難過時，回頭望去發現另一半就在身後，輕輕擁抱你疲累的身體，低聲安撫你受傷的心靈。於是，你重新有了力量與勇氣，能夠繼續在這複雜且艱辛的世界冒險。這位（或這些）親近的人，不斷幫助你在人生旅程中走得更遠。

由此來看，人際關係不單只是物質或利益的交換，愛情關係也並非純粹爲了繁衍而存在。好的關係，是兩個人、兩顆心之間的連結，透過陪伴與安全感提供我們養分，讓我們得以面對外在世界各種風雨挑戰。

本書幫助你用自然且有效的方式，建立起這種穩定關係。更精確的說，你將走上一段「**提升自我**、**增加魅力**、**自在互動**」的旅程。我們將從根本觀念開始，洗去過往讓你卡關的迷思。接著從基本功著手，建立屬於你個人的話題資料庫，並瞭解聊天的本質與意義。中級班則讓聊天升級成「互動」，拉近雙方的距離。當你已經擁有一定程度的聊天能力後，進階班將進化你的溝通方式，讓彼此感情加溫。最後一堂課則是提醒完成修煉、即將上場實戰的你，如何透過一些準備來拉高勝率。

1-2 追求，越追越糗

請試想一個情境：進入新單位第一天，隔壁同事負責帶你認識環境，你很快就認爲對方是天菜。這時，你的大腦會出現哪句話？十之八九是「該不該追她？」「有點想追耶怎麼辦？」或者當你跟好友聊起這位新同事，提到自己對他有好感後，朋友通常會慫恿你：「那就去追啊！」「不追怎麼知道。」

長久以來，我們很習慣用**追求**獲得關係，不論是愛情或友情。追求的本質，是一種**討好**，但其實用這種方法建立關係效率很差，甚至常見反效果。當你抱著追求的心態想拉近距離，會將所有目光投注在對方身上，他的一舉一動都會影響你的心情，你也會習慣藉由付出來表現。

或許你心思縝密、觀察入微，對方沒想到的，你總能先想到；對方想到的，你早就完成。你習慣對朋友、同事或約會對象提供無微不至的照顧，任何事情都親力親爲幫他完成：規畫行程？我來處理；天氣轉冷？前一晚傳個簡訊提醒；需要幫忙？我來搞定。當你幾乎有求必應、使命必達，主動將任何事情都做好做滿時，的確會得到一些感謝與回饋，讓彼此關係看似還不錯，這也往往鼓勵你更努力付出。若雙方有來有往、互相協助，倒也未必是壞事，然而，當個「好人」其實潛藏不少風險。

“你是濫好人，還是壓力製造者？”

在過往諮詢、諮商經驗中，不少人因爲「想趕快建立關係」「害怕失去對方」，而在人際互動中缺乏界線。當自身界線模糊時，就容易成爲被利用的濫好人，只要對方拗你一下，即使再忙再累，也要幫他買杯咖啡。爲了要討好對方，我們將工具人的功能發揮到極致：睡不飽也要送餐點、專車接送；爲了幫忙集點數，刻意連續一個月吃超商食品；替對方查資料查到三更半夜（自己寫報告都沒這麼認眞）；甚至難得出國玩，還專程代買他要的東西，打亂行程讓旅伴空等。

我也曾是個工具人，幻想某天對方會看見這些犧牲奉獻，深受感動而願意交往。然而，不論自己或眾多諮詢者的經驗都紛紛證明一件事：**只靠不斷付出並無法得到穩定關係，甚至連吸引對方都很難**。首先，有求必應的濫好人太容易掌握：「反正說什麼他都好。」「他一定會答應。」當好心過了頭，就不是隨和善良，而是沒有個性、缺乏神秘感。前者代表缺乏原則，讓人覺得你搖擺不定、毫無主見，不易產生信賴倚靠；後者則阻斷別人對你產生好奇，降低進一步靠近的動力。

當你把焦點全部放在對方身上，就容易忽略自己的需求。例如拖延原本計畫，或沒有考量本身狀況而影響生活。若將時間精力放在永無止盡的討好別人，要如何提升自我、增進個人魅力呢？還可能讓生活、人際圈越來越封閉，眼界也更加狹窄且缺乏聊天話題。這些都是濫好人不易建立關係、獲得愛情的原因。

更別說某些個性急躁的濫好人，剛認識對方就緊迫盯人噓寒問暖、過於積極付出，反而成爲破壞關係的壓力製造者。除非是想刻意利用你的心機鬼，否則在強調禮尚往來的文化中，單方面一下做太多，會讓人有負擔不知該如何回應。就如同經驗不足的菜鳥業務，沒有先瞭解客戶需求與現況，初見面就一股腦兒把所有東西都塞過來、急著幫你規畫方案。這種被強迫推銷的感覺，只會讓人想找藉口逃避。

壓力製造者在付出的同時，有意無意傳遞了「我這麼做，你要有所回報」的訊息，讓對方陷入尷尬處境。這裡的回報未必是金錢利益，而是例如「你要陪我聊天」「你要關心我」「你必須答應我的邀約」甚至「你也應該要對我有好感」「你要同樣對我好」「同意交往」等。與對方互動時，若不自覺在行動中隱藏許多需求，即使沒有明說，也會讓人感受到你強烈地索取回饋，造成巨大壓力。

“無欲無求不如合理期待”

抱著過多期待而對人付出，是關係中的頭號殺手。一句「沒關係，是我自願幫忙的」通常很難說服對方，反而會讓對方覺得「接受了好像就欠他什麼，但不接受又不好意思」。這種期待也會讓你進退失據，更加關注別人的風吹草動，時刻留意對方得到你的幫助或關心後，「有沒有更熟」「關係是否更近」。不管對方的回應正向或負面，都會讓你因為怕失去而更急躁付出，形成惡性循環。

因此網路上開始有人提倡，不要抱著期待與別人互動，才能拉近關係，也就是「無欲則剛」的觀念。但若望文生義，很可能陷入一種「無欲無求、一切隨緣」的「佛系」極端，反而錯過大好機會。畢竟，人的行為必然有其內在動力，若完全沒有期待或欲望，那根本不需要與人互動啊。刻意強調無欲無求，只是自我欺騙及刻意掩飾罷了（更直白的說法就是「講幹話」）。從心理層面來看，當你選擇與某人接觸時，就已經抱著一些欲求了。因此，與其好高騖遠、違反人性地「無所期待」，不如設定「合理期待」。

合理期待有兩個特質：**循序漸進**、**彈性調整**。當我們剛接觸新朋友時，若想的是「要讓對方喜歡我」「希望他覺得我很棒」甚至「想要交往」，就會陷入急著推進關係、帶給對方壓力、過度期待的泥沼。在關係初期的期待應抱持著「希望能多認識對方」「也讓他多認識我」「營造愉快的聊天氛圍」「先觀察是否聊得來」。若雙方互動增加、關係拉近，再隨之調整期待：「再次約會」「聊彼此較內在的話題」（家人、過去戀情、負面情緒）「肢體接近或接觸」。

記得隨時保持循序漸進、彈性調整的原則，例如「再次約會」可先將目標設定爲「兩小時左右的午餐約會」，若進行順利再進階到「晚餐約會加上看展覽」「半天的老街之旅」等。「聊內在話題」也要先從「稍微提到」開始，若對方進一步詢問或也分享自己的事情，再增加細節或負面情緒的描述。肢體接近、接觸更需要留意，若才剛認識對方就玩「一巴掌或一輩子」的賭注，很可能被列入黑名單或扭送警局。至於到底該如何判斷關係進展並調整期待？別急，第四堂會詳細介紹。先讓我們回到「濫好人」該如何逆轉勝。

“吸引，才是主戲”

要脫離濫好人的悲劇，需要捨棄追求與討好的想法；**關係拉近，靠的是吸引**。我們不該將目光一直停留在對方身上，總想著如何付出。你才是主角，請把大部分時間精力留給自己，包括提升能力、完成更多任務或挑戰，並規畫整體生涯，設定想要的生活與目標，逐步找方法與資源去實踐。你也可以發展更多元興趣，有靜態有動態、有獨自進行也有合作性質，或是透過學習與練習培養專長。最後，你還需要擴展生活圈，讓自己擁有更豐富的經歷與故事（這點很重要，第二堂會詳談）。提升自己的同時，別忘了持續與人互動、拓展人脈且練習聊天。

擁有良好關係的根本，在於讓自己不斷進步、成長，而非只是一味想著「希望對方喜歡我」「想趕快找到對象」。有趣的是，當你聚焦在自身成長時，與人互動反而順利，也更容易吸引到對方。傳統的追求、討好，隱含著「有求於人」的意圖：「希望對方給我一個機會，讓我成爲他的朋友/另一半」，無形中不斷捧高對方，自己則越蹲越低、缺乏自信。心理學大師阿德勒認爲，人與人、關係和關係都應該是等號，而非誰大於或小於誰。平等才是關係更長久、穩定的核心元素，但也不是要你從「我低你高」的狀態轉變成「我高你低」的姿態，自信與自大其實是兩碼子事。

“霸氣總裁迷倒衆生最吃香？”

我第一次見到阿哲，覺得他非常溫和有禮，幾次相處下來，發現他在與人互動或討論時總顯得畏畏縮縮、猶豫不決。某次單獨與他聊天，更確定了他在人際與愛情中早已習慣扮演那種不斷討好對方的濫好人。

「我知道自己需要改變，我曾努力。」阿哲靦腆笑著說：「希望早日交到女友，這是我的目標。」

再次見到他是一年後。那是場結合愛情卡與聯誼的活動，我一度懷疑阿哲是不是有雙胞胎兄弟，眼前的他講話直接明快、勇於發表意見，開口閉口動輒：「我覺得應該是……」「我認爲你可以這麼做……」舉手投足散發出領袖氣質，成爲整桌焦點。活動結束後，他熱情上前打招呼，我們轉去附近餐廳敘舊。

「你眞的變得很不一樣哩！」我說。

「人本來就該不斷進步啊！」阿哲用略顯宏亮的聲音回應。

原來，他這一年來除了閱讀許多關於自信、把妹、溝通的文章外，也花錢進修相關課程。言談中瞭解到，他接觸的學派強調「勝者爲王」：男人就應該在對方面前展現最強的樣貌，這個觀念讓阿哲產生了巨大變化。聽他滿口「要不斷變強」「我是獵人，女人是獵物」「我考慮給她機會」，雖然氣勢十足，但我卻懷念起過去我所認識、那個溫和的阿哲。

「看到你努力改變自己，我很敬佩。不過我也好奇，你有達到當時的目標了嗎？」我問。

「嗯，接觸的女生、認識的朋友，都比以前多很多。但不瞞你說，雖然有交往過幾個，卻很快就分了。」

「是喔？什麼原因呢？」

「通常是說個性不合啦，也不知眞假。」阿哲苦笑，我猶豫著是否該提醒他一些事情。

習慣「做好做滿」的人，除了上述的濫好人、工具人，還有一種是自認 Hold 得住全場，但其實讓人難以靠近的霸氣人。無論男女，都可能因為太想要表現，事事求好心切、要求完美，甚至認為自己才是對的。當對方感受到你的「強勢」「自我中心」甚至「自以為是」，反而會退卻閃躲、保持距離。

尤其男人較容易被性別刻板印象影響，努力營造出有主見、強框架、領袖魅力、領導能力等樣貌，原本只是想要培養自信，卻矯枉過正變成「任何事情聽我的就對了！」這種自大態度。當我們總是表現出「我來就好！」的強勢霸氣，一肩扛下所有任務時，其實越容易踢到鐵板，讓關係不進反退甚至吃悶虧。

「平衡」是關係增進與維繫的重要核心。當你認為自己絕對正確、不容被質疑時，一方面的確展現出「我能做到」的自信，但另一方面也傳遞出「你做不來」「你沒有能力」「你不夠好」的訊息給對方。無形中你把自己樹立於高高在上的位置，對方只能仰頭看著你把所有事情做完，然而沒有人喜歡一直抬著頭，越是互動越覺得自己不夠好。

你或許聽過某些從演化心理學延伸的觀點，強調男人必須理性、強壯、霸氣、成為領袖或讓人崇拜，這樣才能吸引約會對象；女人呢？除了溫柔、順從還必須外貌姣好身材勻稱。所以我們不難發現，言情小說男主角幾乎都是「霸氣總裁」，若劇情跟穿越有關就是「王爺」或「軍閥」。在商言商，試想，若男主角職業換成心理師，這小說肯定要滯銷了！

演化論的「天生決定」乍聽之下可以解釋各種現象，包括我們會被怎樣類型的男生、女生吸引，早被刻畫在基因上了。然而，當我們將一切行爲用基因解釋時，也淡化了人類的自由意志與選擇權利。人類與其他動物之差異，在於豐富的思考、創意、後設認知與覺察能力，而且當社會不斷變化、早已脫離狩獵採集的原始時代，我們是否還照著演化論那套老祖宗的擇偶方式，早該打上問號了。

事實上，奧地利心理學者馬塞爾．澤納（Marcel Zentner）在一個跨文化研究中發現，性別平等程度越高的社會，越不會依循演化論來選擇伴侶。我們會被怎樣類型的人吸引，並非全然受本能、原始渴望影響，而是過去經驗與文化的涉入。台灣近年來逐漸朝向性別多元、平等的方向前進，傳統大男人那套早已未必是最吃香的路線了。

“別一廂情願做好做滿！合作才能讓感情加溫”

有主見、方向與想法都是好事，但記得爲關係留點空白，付出不是自己爽就好！強迫對方接受你的「做好做滿」不是熱心善意，只是自我感覺良好而忽略對方、徒增壓力罷了。互動中的合作能帶來平衡，我規畫行程你訂餐廳、我付門票你cover飯錢，讓對方也有機會爲這段關係付出吧！

「完美並不美」不只是一句歌詞，也是愛情中的金玉良言。心理學家曾進行一個有趣實驗，發現完美的人並非最受歡迎的，那些「聰明、條件好，但卻有些缺點、會犯小錯」的人，大家反而樂於親近（仰巴腳效應，Pratfall Effect）。當你們的關係已經脫離寒暄聊八卦，逐漸進入瞭解彼此的階段時，別只顧著展現自己優秀、強勢的一面，偶爾出個糗或透露小缺點，對方反而更能瞭解、靠近你，也讓他有機會提供協助，感受到自己「被你需要」（第二堂會有詳細技巧）。

那麼，愛情中「做好做滿」的原則到底是什麼？重要、急迫或概念架構的事情可先嘗試自己做好，但也要尊重對方意見（例如提出邀約時，先準備好幾個idea）；相處中的諸多細節、關係裡的日常小事則與對方一起完成，不要自己全部攬下（偶爾也讓對方知道你的限制，相互支援）。別再傻傻當個濫好人或扮演霸氣總裁還沾沾自喜了！

言情小說不是現實，霸氣總裁也會踢到鐵板

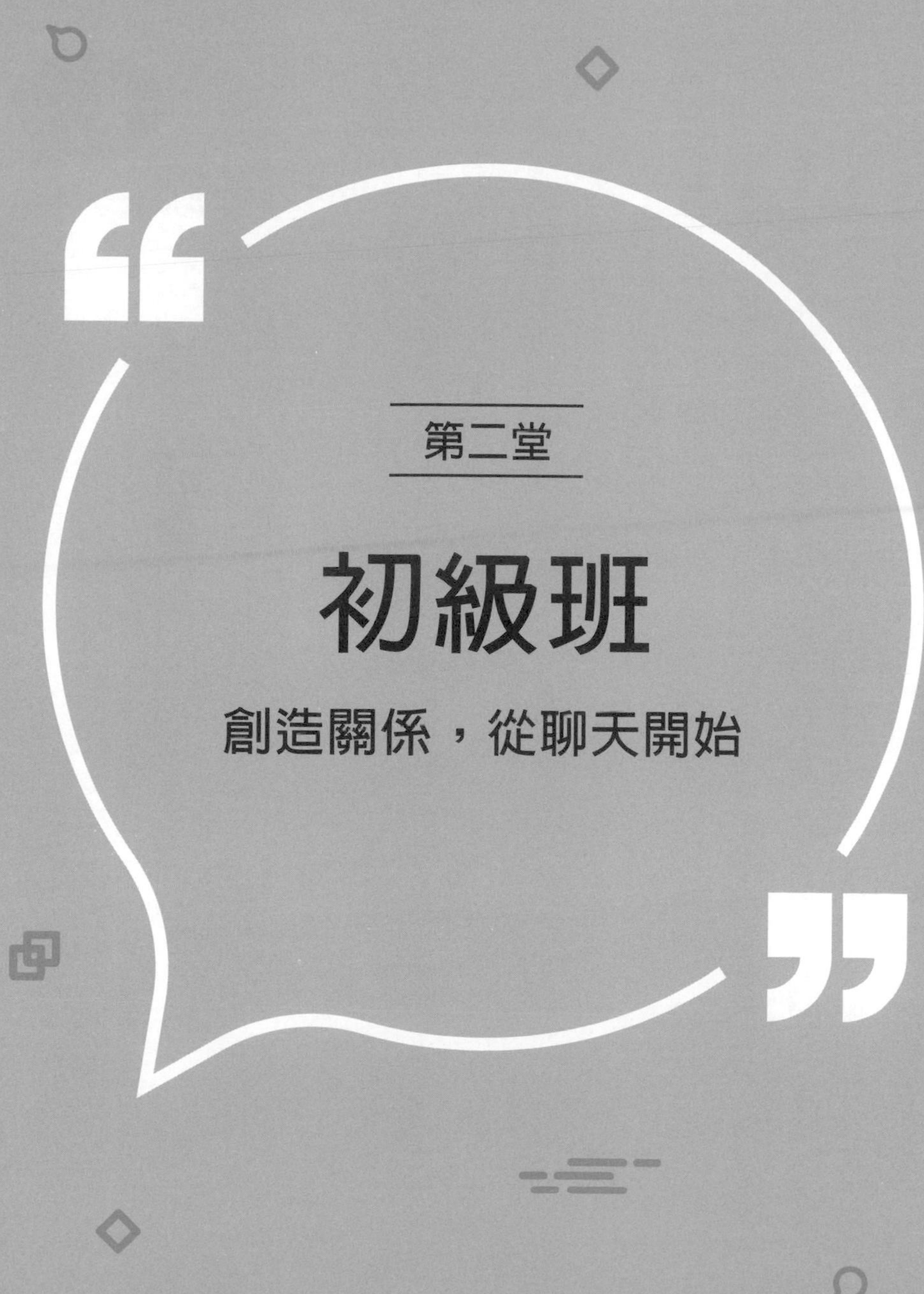

第二堂

初級班

創造關係，從聊天開始

2-1 聊天就是說故事

調整基礎觀念後，接下來的關卡是：該如何吸引對方，建立關係？難道一定得靠高富帥、白美正嗎？還是得學一堆話術技巧，來植入潛意識、操控人心？或者需要背笑話，逗對方笑到耍耍的才有用？

“好關係是聊出來的”

幾年前，我主辦了一場聊天主題的收費講座，現場來了三十多位成員，最遠從台南搭高鐵來台北。面對這些充滿學習熱情的夥伴，我在講座開始時問道：「謝謝大家參與，雖然我在文案中有簡介今天的講座內容，但還是想先瞭解一下，你們對這堂課的期待是什麼？」

台下成員有的開始仰頭思考，有的跟旁邊同行的朋友交頭接耳，有的則左顧右盼、按兵不動。

「瑪那熊，我想知道你都用哪些句子來開場，讓對方對你感興趣！」一位穿著橘色T恤的男生大聲說著。

「很好，還有嗎？」我問。

另一位留著平頭、身材健壯的男生迅速舉手：「有沒有什麼笑話或心理測驗，可以快速讓對方對我有fu？」

「希望能學到一套公式，讓我跟任何人都能聊得來。」

「你是心理師，可以教我們怎麼操控對方的潛意識，讓他被我吸引嗎？」

雖然問題五花八門，但還算在我預料之中。

「謝謝大家，」我深吸一口氣：「以上內容今天都不會講到，但我會給你的，遠比這些更有效果、更能拉近你跟對方的距離。」

成員們有的驚訝，有的眼睛一亮，有的開始寫筆記（直到現在我還是很好奇他寫了什麼）。在暖身後，我開始演講。

其實不只這場講座，這幾年在許多活動或諮詢中，也常聽到類似問題。我留意到不少人期待快速學成一套「話術」，包括清楚的SOP、幾個厲害的神回覆、一些罐頭笑話或心理測驗，甚至想學到催眠、操控人心之類的絕招，在互動中可以快速、神奇地吸引對方，成為人見人愛的「現充」①。這些話術有沒有效果？多少是有的，但它們如同櫻木的左手只是輔助②，無法在名為吸引的舞台上擔任主角。更精確的說，想要一開口就發揮撩人效果，光靠話術或笑話是絕對不夠的。

那麼，什麼才是關鍵？就是**「聊天」**。它是讓你們瞭解彼此、拉近距離最簡單卻也最重要的方式。即使你擁有金城武的外表加上人魚線，或是擁有志玲姊姊的氣質，以及不下蓋兒加朵的身形曲線，你所創造的第一印象的確能吸引對方靠近，但終究還是需要開口與對方說話，才可能將關係推進到下一階段。一見鍾情或來自顏值身材的激情，屬於一種粉紅泡泡似的迷戀，要讓關係幻影實體化，彼此必然得有更多互動。

常見的調情、邀約、推拉、肢體接觸等感情升溫技巧，都建立在聊天基礎上。若沒有透過聊天增加熟悉度，兩人拉近的距離其實是表淺不踏實、空洞而容易破滅的。更別說是貿然亂用調情技巧而引來對方白眼、名聲臭掉，甚至被檢舉性騷擾的機會可不小。

“故事，是聊天的主秀”

那麼，當你與人接觸時，該聊些什麼？

Andy是我早期諮詢過的學生，擁有不錯學經歷的他常參加聯誼活動，卻總被打槍。某次在朋友聚會認識了一位女生，簡短互動後Andy覺得對方似乎就是他想找尋的對象，於是找我諮詢。

「我覺得當天聊得有點糟，想知道怎麼逆轉戰局？」Andy皺著眉說。

「別擔心，我們來實驗一下。你試著回到那天，把我當成女主角來聊。」我用了一些諮商的場景重建技術，幫助Andy進入狀況。

「呃，妳好，我是Andy，目前在○○半導體擔任研發工程師，但不太需要輪班，時間算是固定，工作已經五年了。之前則是X大的△△研究所畢業。平常興趣是彈吉他、攝影，主要是看書自學。」

「Andy，現在我們角色交換一下，你當女主角，我來扮演你，我們在朋友聚會上認識，第一次交談。」於是，我重複一次剛才Andy說的內容。

「OK，你覺得如何？」我問。

「哈，我懂了。這根本是在面試或應徵工作啊！」看著悟性極高的 Andy，我投以一個微笑。

是的，Andy 原本的表達內容不是聊天該有的對話，它適合出現在面試或會議場合（雖然你可能也曾搞混）。認識新朋友或約會聯誼這種日常情境，單靠大量資訊、背景資料並無法讓對方印象深刻。原因有二：

1. 人們喜歡聽故事

2. 人們比較記得故事

回想童年，你是否也愛聽著床邊故事入眠，或是守在電視機前看卡通、影集？我們閱讀書籍、小說，或是從報章雜誌上看著明星藝人的八卦；也進電影院用兩個小時暫時逃離現實，並在離開後反覆咀嚼某個片段。在《故事如何改變你的大腦》書中，作者認爲故事無所不在，甚至不知不覺地影響著我們。更重要的是，大家喜歡從故事去拓展經驗、想像與眼界。

美國史丹佛大學專精廣告行銷與社會心理學的教授，同時也是《蜻蜓效應》作者之一的珍妮佛．阿克（Jennifer Aaker）告訴我們故事具有強大的威力。她曾在文章〈What Are Your Signature Stories?〉中提及兩個有趣的研究：

史丹佛大學另一位教授奇普．希斯（Chip Heath）給班上學生一份關於犯罪統計數據的資料，並要他們討論。結束後，教授要求學生們寫下其他發言者的發言內容。發言的學生中，僅有一〇％的人以故事方式呈現數據資料，但負責記錄的學生中，有六三％寫到這些故事，卻只有五％的人記得統計數字。

認知心理學家阿圖．C．格拉瑟（Arthur C. Graesser）在一九八〇年代的研究便已經發現，一段短內容要讓人印象深刻，「故事性」是最重要的。他準備了具備不同特質的短文，包括「熟悉性」「趣味性」「故事性」，故事性較高的內容，即使只讓受試者以一半的時間閱讀，記憶效果卻是其他內容的兩倍。很多人以爲聊天最好是「對方熟悉的話題」或「有趣的笑話」，這個實驗雖是以文章作爲測試，但仍可提供我們另一個思考角度。

因此，一場好的社交互動不能只是資訊交流或列舉資料，這無法讓對方投入聊天，更別說將你的身影烙印至大腦中。**想要請君入甕，需要運用故事的力量。**

運用故事進行DHV（Displaying High Value）

展示個人高價值是社交力學永遠會被提及的關鍵③。高價值是指多數人認爲正向、欣賞、肯定的特質，也就是能幫我們「吸引對方」的東西。當你逐漸內化「關係不是靠追求，而是靠吸引」的觀念後，接下來想問的必然是，「該用什麼吸引對方呢？」

「我的個性很善良」「我這個人認眞負責」「誠懇是我的優點」你曾經在社交中聽別人說過這麼直白的話嗎？想必沒有，即使有，當下你大概也是滿臉問號，甚至覺得對方油腔滑調，不足採信。除了特殊面試情境，我們的高價值無法在日常互動中大剌剌說出來。那該怎麼辦？等著對方主動發現嗎？

我們的確希望對方「自己發現」，因爲若由對方主觀意識到你具有某樣高價值，會比你努力說服的效果更好。然而，對方又沒有讀心術、他心通，也不可能隨時知道你做了什麼，若只是等他哪天能看見你的特質，實在太曠日費時了。因此，**我們要在互動中，透過分享故事來讓他「自己發現」你擁有的高價值**。

請感受以下兩種版本的說法：

A：**「嘿，我是Andy，很高興認識妳。我很有上進心，喜歡學習新東西。」**

B：「嘿，我是Andy，很高興認識妳。剛才沒直接跟妳握手，是因為前陣子開始自學吉他，手指還在破皮。」

A用「直球對決」方式，快速將自己的高價值（上進心、喜歡學習）攤出來。

B則是說了個簡單的故事，將高價值隱藏其中。若對方針對故事發問，B還可分享更多故事內容：

「我是受玩音樂的朋友影響開始學，而且忙完工作後自彈自唱很舒壓。剛開始手指真的滿痛的，但最近總算練好一首歌了！」

這個故事會讓聆聽者開始對你產生好印象，例如「這位Andy有厲害的朋友」「他懂得調適壓力」「他滿有毅力的，沒有輕易放棄」「生活好像挺豐富的，不是阿宅」。不用擔心好印象過於模糊、淺薄，事實上人們對於自己是否「喜歡」別人，是由許許多多的「印象」來決定，這也是你常聽到的「感覺」「fu」。當你分享的故事越來越多，不知不覺進行了DHV後，在對方心中的好印象將隨之增加、更加深刻。記住，**「好感」是由這些好印象累積而來，而故事就是你的最佳武器！**

至於Andy後來的發展？幾個月後，我們選了家餐廳，慶祝他與女主角開始交往。

註釋——

①「現充」源於日本，流行於中國的網路用語。指的是「在現實生活中也能過得充實」的人，類似「溫拿」「人生勝利組」。

②這麼經典的哏，不懂的話請去看《灌籃高手》漫畫。

③最早出現於PUA（Pick-up Artist，把妹達人）的理論，逐漸擴展至各種社交情境。意指互動時用非語言及語言內容展現個人高價值，進而吸引對方。

狀況A 「直球對決」，老王賣瓜

狀況B 運用故事的力量請君入甕

2-2 怎麼聊，才能撩動人心？

上一節談到，聊天是拉近關係的重要工具，但並不是要你漫無目的與對方閒扯，無止盡地分享八卦新聞或網路笑話。到底聊天需要哪些元素，才能產生好的吸引效果？

“分享自己：自我揭露”

多年前曾有新聞報導「神奇的三十六個問題」，引發網友大量討論。甚至有文章歸納出結論：「只要跟陌生人相互回答這三十六個問題，就能快速成爲情侶！」我的老天鵝啊，這也太厲害了吧?!如果眞是如此，愛情心理學家或教練都要失業了，發明這套問題的人應該要得到諾貝爾獎才是。

原來，這是紐約石溪大學的心理學教授阿圖・阿隆（Arthur Aron）在一九七七年的研究。他將學生們分為A、B兩群，再各自兩人一組配對：A群組裡的兩人自由閒聊瞎扯，B群組的兩人需輪流發問、回答設計好的三十六個問題，然後對望（是的，別忽略眼神的重要性）。事後的問卷調查發現，B群組的成員對於聊天伙伴有較多正向感受與好印象，甚至願意考慮進一步交往。這些問題有什麼魔力嗎？其實說穿了，就是讓成員由淺入深地分享自己（內容從一般生活、休閒娛樂到價值觀、個人夢想，以及由快樂、喜悅等正向事件到悲傷、遺憾等負向事件①）。

「自我揭露」長久以來被認為是關係拉近的元素之一，當你透露自己的背景、過往、生活或心情想法時，會增加對方的信任感，形成可信賴、可親近的印象。**「讓別人更認識你」**是吸引的第一步，過多的神秘感雖然可能促成「迷戀」，但若你想要的是穩定長期的人際或愛情關係，反而會形成一堵隱形高牆，阻礙雙方的接近。

不過，也別跑到另一個極端，將隱私滔滔不絕地向剛接觸的對象攤開。想像一個情境：你面前坐著首次見面的新朋友，對方講著自己從小被家暴，感情路坎坷，先是被前任情緒勒索、肢體暴力，還在被騙了錢後慘遭劈腿……看著對方聲淚俱下，你是不是也驚呆了？自我揭露需要「循序漸進」，先從生活相關、正向經驗開始分享，若對方也願意給你回應，才逐漸將話題越講越深，以免嚇跑人家。

找出相似處：共通性

小時候與一位表哥感情特別好，雖然與其他平輩親戚互動也不少，但不知怎的就是很喜歡去找這位表哥。後來我才發現原因之一是，我們都喜歡玩電動、都是爪迷②、喜歡吃的食物也類似。但這爲什麼會讓我喜歡親近他呢？

你或許有這樣的經驗：在某場聚會中，發現旁邊的人與你同所學校畢業；進入新公司不久，得知某位同事跟你住在同一個地區；參加營隊或社團時，聽到對方與你興趣相同。當你在陌生環境發現另一個人有「相同」「相似」之處時，是不是感到熟悉、安心？而且會自然地與他攀談、互動，讓彼此更加認識。

「共通性」容易讓我們對人產生信任與安全感，並且帶來更多的連結與好感。而且共有的經驗容易讓話題快速開展，例如你會與對方開始聊同所學校的趣事、修過哪位老師的課；聊同個縣市鄉鎮的生活經驗、在地美食；或是討論起共同興趣的細節、故事。更重要的，「我跟你一樣」會製造出「我們同一國」的感覺，讓對方降低戒心、更願意靠近。

“不一樣，更加分：相異性”

「她沒聽過我的工作，我該繼續跟她聊嗎？」

「他的興趣跟我不同，這樣會不會很乾啊？」

Willy在一場講座上，問了我這樣的問題。他的工作是麵包烘焙師傅，興趣則是結合在地食材開發更多口味，因此喜歡到郊區或鄉間旅行，尋找靈感。

或許你在與對方互動時，也會有這樣的困惑：如果我們很不同，對於關係的拉近是加分還減分？興趣／背景／想法不一樣，是否就聊不起來？

其實，相異並非壞事。共通性的確能爲你們帶來熟悉感、信任感與容易引起共鳴的話題，但**相異性卻能激發對方的「好奇心」**。因爲你與對方不同的經驗或背景，很可能是他沒聽過、沒見過的新鮮事物。例如對方喜歡靜態活動，而你卻走outdoor風，有不少野外露營經驗，反而可以透過分享興趣與相關經驗，邀請對方走入你的生活故事之中。

研究愛情的心理學家阿圖．阿隆認爲，人們有「自我擴展」傾向，樂於透過與人互動，從對方身上學到更多知識、激發不同想法、增長個人見聞與眼界[3]。因此，若你**擁有對方沒有的經驗與嗜好，與其猶豫該不該分享，不如聚焦在如何將故事說得精彩有**

趣，引發對方的好奇（當然，本書的第二、三堂會教你怎麼做）。

開心是催化劑：正向心錨（Positive Anchor）

接觸過NLP（神經語言學）的朋友想必對這個詞不陌生。當聊天充滿輕鬆、有趣、安全的元素，讓對方產生開心、愉悅、舒適感等正向情緒時，會促使對方將這種「好感覺」與你這個「人」進行連結。如此一來，對方只要見到甚至想到你，就會產生「正向感覺」。簡單來說，人們喜歡「好」的感覺與氛圍，這種心錨將讓約會對象也進一步對你產生好感。因此在聊天中營造愉快、歡樂、自在的氣氛，是提升吸引力的重要關鍵。

這提醒了你，**在剛接觸、認識對方時，聊天會以「正向」類型的故事爲主**，例如有趣、好玩、快樂的元素，而較少「負向」故事，如挫折、悲傷與憤怒。然而所謂正向與負向並非等同於「好」與「壞」的意思，事實上情緒並沒有絕對的好壞之分。有時含有負向情緒的故事，甚至對關係的推進有著極大助益，只是目前這階段尚不合適。貿然分享太多抱怨或淒慘故事，容易建立負向心錨，讓對方把你跟不舒服的氛圍連結起來，這可不是我們樂見的。

當雙方較熟悉後，可以考慮分享「負向經驗」做進一步的自我揭露。但請記得，在聊這類故事時，需要有「V型反轉」。例如：**「到了目的地，才發現器材忘了帶，當下超傻眼！看到朋友很焦慮，我也覺得很不好意思。後來我們開始運用現場的東西，隨機應變，最後竟然也完成了活動，而且還有意想不到的效果。」**

故事中「忘記器材」「傻眼」「焦慮」偏向負面，但後半段卻提到如何克服危機，反而讓對方看見你的應變能力。簡單來說，**負向故事需包含「逆轉」**元素，才不會淪爲**單純的抱怨**。

註釋——

① Aron, A., Melinat, E., Aron, E, Vallone, R., & Bator, R. (1997). The Experimental Generation of Interpersonal Closeness: A Procedure and Some Preliminary Findings. Personality and Social Psychology Bulletin, 23, 363-377.

② 早期中華職棒的兄弟象（後來的中信兄弟）球隊顏色爲黃色，兄弟象球迷因此被網路鄉民戲稱爲「蕉農」「蕉迷」，而「爪」則是因爲文字像是一串香蕉，故也被拿來當作象迷的代名詞。

③ Aron, A., & Aron, E. (1997). Self-expansion motivation and including other in the self. In S. Duck (Ed.), Handbook of personal relationships (2nd ed., pp. 251–270). Chichester, UK: Wiley.

2-3
建立話題資料庫，從此不怕沒話聊

我們已經知道聊天的好處，但「不知該聊什麼」是我過去阿宅時期的痛腳，相信也是不少人困惑之處。某次受邀在婚戀平台演講，與他們的VIP會員分享如何在聯誼與約會中脫穎而出。當我問道：「你們目前約會卡關的地方是什麼？」會員像是終於找到機會般，此起彼落地大吐苦水。

「介紹完自己的工作後，就不知要說什麼了。」

「對對對，我上次參加換桌聯誼，只能跟對方對看，超尷尬。」旁邊成員點頭如搗蒜地說著。

「真的啊，每次聊天都容易冷場，一下就沒話題了。」後方傳來附和，雖然我看不到他的臉，卻深刻感受到聲音裡的無奈與沮喪。

這也引起其他人的共鳴：**「哎，我也是，除了講工作跟最近看的電影以外就沒哏了，結果對方一副想睡覺的樣子。」**

聊天沒話題，是絕大多數人會遇到的第一個困境。

其實，這個問題不難解決，只要**建立故事資料庫**，就有聊不完的話題。但在著手建立資料庫前，請先思考一個問題：

「聊天能力，是與生俱來，還是後天得到的？」

“學習＋練習，鍛鍊聊天力”

很多人對於不擅長聊天感到挫折、沮喪，我也曾經歷過。有些人將「不會聊天」這件事歸因於沒有天分——「我天生就是這樣，沒辦法！」「某某某本來就很能聊啊，我不可能像他一樣！」用這種天賦觀點看待聊天這件事並不算錯，因爲大腦的發育的確會受基因、遺傳等天生影響，但，你甘願嗎？

事實上，聊天能力絕大多數是受後天影響，當我們從小到大較少吸收這類知識，等於缺乏了「學習聊天」的機會。另一方面，我們可能因爲不知怎麼做，或曾有過負面經驗甚至挫折，而越來越不想跟人聊天，沒有「練習聊天」的經驗。一項技能的養成，**「學習」讓你知道該怎麼做，「練習」則讓你進階爲你做得到**。當你缺乏「學習」或「練習」其中一樣元素，都將阻礙你發展聊天能力（更別說常有兩者都缺乏的情況）。

尤其在愛情這部分，許多男生從小就被長輩灌輸一個觀念：「好好念書、認眞工作，有好學歷與穩定收入，就會有人喜歡你！」回想看看，你是否也聽過類似的金玉良言？對長輩來說，認眞念書、工作、結婚、生子是過往年代常見的人生進程SOP，他們並沒有騙我們，也絕非講幹話。然而現代的環境，學歷與工作已成爲基本門檻，除非表現極度突出（年薪三百、五百萬以上），否則無法構成強有力的優勢。我們需要培養並展現出更多高價值，才會增加自己的機會。

因此，若你目前自認爲不會聊天，千萬不要氣餒或放棄治療。在我個人經歷與諮詢經驗裡，聊天能力絕對可以透過學習、練習養成。你需要以下哪三個故事資料庫來鍛鍊聊天實力。

第一資料庫：蒐集別人的故事（一般資訊）

這裡的「別人」指的是**「你認識，但對方不認識你的人」**，亦即跟你不相關的人，例如：藝人、體育明星、名人等公眾人物。這個資料庫包括各種時事新聞、熱門話題、實用資訊、八卦趣事甚至科普、冷知識。此類型的話題在社交活動中一向實用，因爲侵略性極低，對開展聊天很有幫助，甚至能找到共通點製造互動。例如：

「聽說有名的日本鰻魚飯在台北開分店了哩！去吃過了嗎？」可以聊用餐經驗、鰻魚飯、日式料理、美食相關、台北生活等。

「上週看金馬獎直播，某某某的表演很不錯呢！」可以聊金馬獎、電影、藝人、表演等。

「最近我發現有位 YouTuber 的影片超有哏！」可以聊 YouTuber、影片、網路使用經驗等。

發現了嗎？**要讓聊天持續下去，抓取「關鍵字」並延伸話題是重點**。別只是單純分享一個資訊就句點，要反過來運用這些「別人的故事」來讓互動活絡起來。此外，不少人在聊天時容易犯的錯誤，就是「滔滔不絕講專業」或是「吊書袋」。我能理解好不容易聊到你熟悉的領域，所以想要展現自己高價值的蠢蠢欲動，但過於刻意或冗長的「分享」，反而容易讓對方覺得煩悶、無聊，甚至將你當成怪咖。**你的知識需要配合場景或剛好聊到的話題，也就是「自然提及」的功夫。**

我想起第一次參加換桌聯誼時的經驗。主持人說明著規則：一對一，僅有三分鐘，時間到了會提醒大家移動到隔壁，與下一位對象互動。隨著「開始！」聲響起，我介紹自己讓對方認識我，隨後這位女生也簡介個人資料背景。三分鐘瞬間就過去，當換到下一位時，我重複做同樣的事情。雖然我對自己記憶力還算有自信，但換到第五位時，腦袋已經一團亂了。主持人的「開始」在我聽起來變成了「播放」，我彷彿是台音響，不斷重複放送相同內容。等等，那我幹嘛不擺支錄音筆就好？

大夢初醒的我，決定在這次換桌做點不同的事情：先觀察眼前清秀短髮、穿著白底藍色碎花小洋裝的女生，以及鎖骨下方有條項鍊。我的第一句話是：**「嘿，妳也喜歡 Georg Jensen**①？**這條項鍊很適合妳。」**在對方略微驚訝、一副「男生竟然知道這東西」的表情中，我們聊了這品牌的資訊（年度項鍊、經典商品、其他款飾），分享對銀飾的瞭解（銀的特質、保養）。三分鐘過去，我不知道她的名字、工作，但卻對她印象深刻。我猜想她對我也是如此，因爲在中場休息時，我背後傳來一聲：「哈囉，GJ先生，我們剛才忘了交換名字跟MSN（是的，你可以推測這故事有點年代）」，後來我與這位GJ小姐又聊到國內業者引進銀飾品手作工坊，讓顧客可以親自製作配件的資訊。

這類的生活、半專業資訊其實很容易運用。又例如當聊到雙方都愛吃牛排時，可以分享最近新開或網路火紅的牛排店資訊，甚至是自己的私藏餐廳，也可提到牛排的烹飪技巧、乾式或濕式熟成的差異、某家物超所值的高檔肉鋪等。

要充實這個故事資料庫其實並不難，因爲有太多管道可以接收資訊：報紙、雜誌、書本、網路平台、部落格文章、YouTube影片等。花點時間搜尋、增廣見聞的同時，也從中記下有興趣、新奇的事吧！將這些資訊及知識淬煉成聊天話題來使用：**你知道越多資訊，越能在聊天中信手拈來、話題不斷，並且記得善用對方感興趣的主題，才能創造或延續對話，以免淪爲自我感覺良好的獨角戲**。

第二資料庫：轉述朋友的故事（趣聞軼事）

簡單說就是「強者我朋友發生的有趣事情」。

人們在關係尚未靠近時談論私事，容易感受到壓力，這時就可用「朋友的故事」作爲暖場。要建立這個資料庫的第一步，自然就需要有朋友。如果你屬於邊緣人族群，別急著放棄，朋友不會憑空出現，但你絕對可以創造自己的人際圈。對尚在學校的學生來說，把握社團、系隊、學會、營隊、通識課、分組報告的機會，試著與別人打聲招呼、以寒暄問候來開展互動（當然，你可以等看完這本書再行動）。若你已經出社會，想必發現拓展「純」人際並不容易，因爲此時許多互動背後隱含著利益、好處、公務，難怪「上班當同事，下班不認識」被視爲金科玉律啊。

雖說不一定要跟同事變好友，但用餐時間的閒聊，也是在蒐集故事，還能與同事們建立連結，於公於私都有幫助。若幸運地遇到聊得來的同事，也要把握機會邀請對方進入你下班後的生活中。另外，參加活動、講座也是擴展人際的方法，試著跟坐在隔壁的人講講話吧！如果你覺得與陌生人面對面實在太刺激，運用網路社群（如加入FB社團）也是個方法，參加討論、分享資訊及意見，別永遠當個潛水者！最後，你有多久沒跟以前的好友聚會了呢？不要只是被動等著別人找，不如你來當主揪，趁休假把大家約出來吧。

當你累積了親朋好友的故事，在互動初期可分享給新朋友，一方面透露你的好人緣優勢，二方面若朋友的故事精彩，也等於展現了你的社交水準。但請留意以下兩點：

1. **以日常中的有趣經驗爲主，請勿出賣朋友的隱私或秘密。**

某些心事、慘痛回憶與經驗，並不適合讓第三者知道，請幫你的朋友守好秘密，亂傳八卦不但傷害友情，還會讓新朋友覺得你不可信任，並與你保持距離。**「守口如瓶」是人際關係中的穩定元素。**

2.朋友的故事裡最好包括你，或能連結到你。

這個資料庫雖然好用，但如果你總是這樣講：

「我朋友 Vincent 去年跑去印度當志工耶！」

「Vincent 今年夏天去歐洲自助玩了一個月！」

「Vincent 超強，會自己做出美味的提拉米蘇！」

後續會發生什麼事？對方保證會說：「乾脆你介紹 Vincent 給我認識好了。」若你在分享時眼神閃閃發亮，還可能被誤會傾慕對方！如何避免以上窘境？**描述的故事除了提到朋友，也要讓自己有戲份**。例如：「我跟朋友一起參加 Suit Walk 紳士遊行活動②，他穿了一套超騷包的西裝，」同時多描述自己：「我選擇灰藍格紋雙排西裝，而且那天我……」切記，要將焦點轉移到自己身上，因爲你才是主角！

第三資料庫：分享自己的故事（個人經驗）

先講結論，這是最重要的話題資料庫。

你親自接觸的人事物越多，便有越多新奇材料發展出「對方原本不知道、沒有經歷過甚至想像不到」的故事。這類話題可引起別人興趣，而且讓對方看到你的優勢、特質或豐富的生活經驗，方便你建立兩人共通性卻又進一步展現獨特性。

例如對方說某家小籠包好吃時，你便能聊用餐的經驗來延續話題：「我覺得菜肉蒸餃也很不錯啊。」「他們炒飯眞的粒粒分明。」「你知道他們哪種小菜賣最好嗎？」

如果你有在前述第一點「一般資訊」下功夫，或許還能多聊一句：「他們要漲價了哩！漲價前我們去怒吃一餐吧！」（自然邀約）

我喜歡認識新朋友、增廣見聞，某次在創咖啡③參加聚會，一群人聊到出國旅遊，各自分享日本、歐洲、澳洲等世界各地的旅行經驗。當我沉醉在大夥兒的各種旅遊趣事時，有位夥伴發現我還沒有分享：「瑪那熊你呢？去過哪裡玩？」

「我倒不是單純去玩，而是帶學生去印度當國際志工。」話才說完，立刻吸引大家的注目，各種好奇提問蜂擁而至。在這個例子中，「去印度」對多數人來說較特別，而

「帶領學生」「當志工」則能展現優勢，製造好印象。

豐富生活經驗能帶來獨特的聊天話題，但這需要平常累積，臨場硬掰很難順暢延續（因爲不是實際發生過），若被抓包更是大扣分，爲了吸引對方而扯謊，不是件很累又有壓力的事情嗎？比起網路笑話、罐頭慣例④，你的親身經歷將是更強大的武器。簡單來說，要增加聊天話題，「走出家門」其實是很強大的心法。包括參加活動聚會、社團社群、學習進修，都是讓你生活更豐富、擴充話題資料庫的好方法。更重要的是，這個世界遠比你想像的有趣太多，勇敢踏出舒適圈去冒險吧！

註釋

① Georg Jensen是來自丹麥的知名銀飾品牌，除了項鍊、戒指、手錶等飾品外，也有許多經典家具及生活小物，其質感、設計與工藝吸引了不少愛好者。此品牌每年推出的年度項鍊，也成爲愛好者的收藏興趣之一。

② Suit Walk爲「頂級宅男 & Office DANDY」粉絲專頁主人Brian於二〇一四年舉辦，邀請喜好紳士裝風格的同好，透過遊行來交流。目的在推廣紳士裝，讓更多人體驗紳士裝之美，且瞭解到不是只有跑業務或結婚才可以穿西裝。

③創咖啡是一間以「促進合作、串起交流」爲主題的實體咖啡店，常會舉辦各種主題講座、聚會，提供個人或新創團隊有個互動平台。我本身也喜歡在那裡辦活動。

④罐頭慣例指的是網路上或「把妹達人」間流傳的一些話哏、問題或測驗，因爲極爲類似且大量重複使用，如同罐頭生產般長得都一樣。例如：正妹與老虎——描述故事，並讓對方代替故事中的女主角，選擇要打開有正妹的門（心儀對象將帶著美女遠走高飛），抑或有老虎的門（心儀對象可以迎娶女主角，但也可能被吃掉）。最後用模糊的話語來分析對方的愛情觀。

或者是「性別轉換」的例子——牡蠣一生可以轉換一次性別，你會想轉換嗎？換了後最想做什麼？還有關於「戒指」的測驗——從戒指戴哪隻手指，來分（亂）析（掰）對方的個性。這些慣例的優點是容易帶起討論，但缺點是制式化，尤其對方若已經聽過，很可能會尷尬傻眼。建議非必要盡量少用，或是加入自己的哏增加變化。

三個故事資料庫的應用與功能

資料庫名稱	內容	功能
別人的故事	報章雜誌、網路話題 熱門影片、新聞時事	開場、打發時間、 尋找共同話題
朋友的故事	親朋好友的生活趣事、 糗事、特殊經驗	串場、接話、展現優勢 （人緣、社交水準）
自己的故事	自己生活＆生命中的 趣事、糗事、 特殊經驗	展現優勢 （看故事內容）、 讓對方認識你、 拉近距離、創造吸引

實際演練：建立你的話題資料庫

表格內的「分類」可依照自己喜好來設計，「連結」欄位則指這些「別人的故事」與哪些「自己的故事」有關？

例如某家新開牛排店的資訊，可連結到「自己吃過最有印象的牛排餐廳」或「自己在家煎牛排」的故事。

【別人的故事】整理單

主題	
分類	□知識資訊 □熱門話題 □奇聞軼事 □八卦 □其他：
來源	
摘要	
連結	

自己的故事，是聊天拉近關係的主力。可以先學習初階版的整理方法，下一節會討論如何將故事精煉，幫你完成進階版。

【自己的故事】整理單（初階版）

主題	
分類	□美食 □旅遊 □興趣 □工作 □其他：
摘要	時間： 地點： 人物： 事件：
連結	

2-4

讓故事更吸引人的必學技巧

建立初步的話題資料庫後，再來就會面臨「如何在聊天中使用」。

聊天的重點在分享故事（尤其是自己的故事），然而「表達能力」往往是我們在人際關係、愛情吸引中嘗到挫敗滋味的主因之一。回想你過往的互動經驗，應該有見過總能輕鬆自在、談笑風生，轉瞬間就抓住眾人目光，甚至讓大家越聊越起勁的聊天高手；但想必也遇過讓人哈欠連連、精神渙散、無法勾起興趣，只想趕快結束對話的生手。相信你和過去的我一樣，想讓自己的聊天能力有所突破，躋身強者行列、駕馭日常社交情境，甚至吸引好感對象。接下來，我們會一步步往前邁進。

“7：38：55溝通法則迷思”

許多人（包括我）在學習互動能力的過程中，曾聽過7：38：55的神奇妙用。甚至在某些演講技巧、職場溝通、把妹搭訕的領域，都流傳著這個法則。到底這是什麼？

最常見的說法，是美國心理學家亞伯特・麥拉賓（Albert Mehrabian）提出，當你在敘述某事時的說服力，以及別人對我們的觀感、印象，五五％來自外在形象、肢體與表情，三八％來自我們的聲音語調，至於內容？抱歉，僅有七％的影響力。因此越來越多人鼓吹，若要製造好印象來吸引對方，聲音與動作才是關鍵，你講什麼其實不重要。於是我們會見到一些人，在聊天時極盡表演之能事，誇張的笑聲與音調、刻意的手勢與表情，將平凡無奇（甚至有點無聊）的事情，說得像是中樂透般激動。若照這個法則，那我們何必還要這麼辛苦建立自己的故事？反正內容又不是重點！

請想像一下，若對方每次都用誇張的方式，說著空洞無趣的內容，會不會覺得哪裡怪怪的？這種「表演式聊天」剛開始的確很吸睛、引人發噱，但卻容易讓人感到「膩」，覺得他大驚小怪、油腔滑調、虛偽浮誇，搞不好想保持點距離，更別說製造好感、加強正面印象了！

那為什麼會有7：38：55法則呢？麥拉賓真有其人，也的確做過實驗而提出此論點，但問題出在被誤用了！麥拉賓在一九六七年寫過兩篇研究，讓受試者說出單詞（如親愛的、可怕的），搭配不同的「互動線索」，探討語意內容、聲調、表情三者在溝通時對情緒的影響。接著，麥拉賓結合兩篇研究結果，提出了7：38：55這個觀點。然而，原始的實驗是設計在「當語意內容與聲調、表情不一致」的情況下得出的結果。例如當你今天被邀請參加生日派對，送禮物給朋友時，對方用低沉的聲音說「謝謝」但臉超臭，此刻我們傾向用「語言內容之外的線索」來判斷對方的心情是否高興，勝過他所說的那句「謝謝」。

因此，所謂的7：38：55法則不能套用在所有人際互動中。麥拉賓隨後在一九七一年撰寫的《Silent Messages》書中，提出溝通包含了三要素：內容、語調、非語言行為，若言行不一、情境模糊時，聲音、肢體等要素的影響力才明顯。隔年麥拉賓又在另一本書《Nonverbal Communication》中強調，這個法則並非適用所有溝通情境，只有在「某人說話時的語調、手勢、表情（非語言訊息），和他所說的內容（語言訊息）不一致時」，人們才會受此法則影響。

然而，多年來7：38：55法則被以訛傳訛，網路更加速了其誤用、濫用，讓麥拉賓忍不住在二〇〇九年時於自己的網站上再次澄清。其實對於7：38：55這個比例，也有許多後續的研究持不同意見①。總的來說，我們都誤會了這個法則，不小心錯殺、低估了「內容」的重要性。

“故事需要調味料”

既然你已經知道常見的溝通誤區，該來談談「語言內容」與「非語言訊息」的關係了。麥拉賓在《Silent Messages》認爲，它們之間的一致性能讓溝通更有效，而我的經驗則觀察到兩者間屬於相輔相成、相互支援的關係。若內容無趣空泛，即使努力「表演」終究會被看破手腳；若內容精彩，但平淡無奇的表達方式會讓聽者提不起勁，浪費了好故事。

前面已經提及，只想依賴話術、神奇句子來吸引對方成效不彰，因爲聊天如同料理，需要先有食材（故事，即語言內容），後續再靠烹飪手法（表達技巧，即非語言訊息）來完成。兩者之間還存在一個階段：幫食材進行熏製、調味，也就是精煉你的故事內容。

首先，當我們將生活經驗轉爲聊天故事時，需要進行取捨，將原始食材去蕪存菁一番。因爲聊天並不適合分享「流水帳」，不需要從頭鉅細靡遺地描述殆盡。來看第一個例子：

「上週六早上，我八點就起床梳洗，然後開始準備行李。吃了樓下巷口的三十元火腿蛋後，搭板南線到台北車站換淡水線，大概十二點左右到淡水捷運站。我們先去吃了一份阿給跟魚丸，到河堤旁第二間咖啡店喝個飲料。我點水蜜桃冰沙，朋友選大杯拿鐵，總共花了三百二十元。下午兩點後我們走去小白宮，停留了十五分鐘後前往淡江中學，又慢慢走了半小時逛紅毛城，後來回老街搭船去漁人碼頭看夕陽。」

這樣的故事內容，保證讓你的聊天對象偷打哈欠，心裡想問：「重點咧？」人的注意力與記憶力有限，別浪費時間在沒有意義的瑣碎細節上。但是也要留意避免跑到另一個極端：省話一哥／一姊。再來看第二個例子：

「上週六我跟朋友去淡水玩，還看了夕陽，滿不錯的！」

若對方有發問倒還好，如果只是「嗯嗯」一聲，你的故事就結束了！更何況，過於簡略的內容，比較不易引發對方「想再瞭解、繼續聊下去」的興趣。請在整理故事時，抽取其中「亮點」。你的亮點可以有好幾個，但不要像在演講一股腦兒全說完，應該要

「小題大作」才對：

「上週六我跟朋友跑去淡水，你知道嗎？我看到有記憶以來最美的夕陽。那天除了橘紅色的火燒雲，天空也慢慢從藍色轉成紫色，吹著晚風加上旁邊街頭藝人的吉他表演，實在太舒壓了！」

在這個範例中，我只提了一個亮點（看夕陽），並用了最有效的調味料「感官元素」來豐富內容。

感官元素讓人身歷其境更入戲

人有哪些感官？正在閱讀書本的你用到了視覺，翻頁時「觸摸」到紙的質感，若是在咖啡廳看這本書，會「聽」到周遭的聊天聲，或是「聞」到鬆餅的香味，喝一口紅茶「嚐」到苦澀與甜味。或許接下來你開始感覺到「餓」，急著去櫃台點餐時撞到桌角而覺得「痛」。店裡故障的空調讓你感覺「溫度」的變化，汗水讓你覺得有些發「癢」，所以拿了張面紙擦拭。

爲何要在故事中加進感官元素？回想剛才的描述，腦中是不是浮現了模模糊糊的「畫面」？這就是調味料的用意。我們許多故事來自眞實經歷，分享時能回憶起片段影像，但對方並沒有這個經驗，所以需要靠這些感官元素幫助對方想像（也可以說是「腦補」），讓他「身歷其境」而參與你的精彩故事。

別小看這些言語、文字的力量，它們負責刺激聽眾的大腦皮質，「提取」「模擬」類似的感官經驗，讓他得以想像。而這會讓人更專注、更有興趣聽你說故事。同時，也別忘了運用工具來補足感官元素，最基本的就是「視覺」。先將照片儲存在手機裡，以備不時之需，搭配故事內容適時秀給對方看。聊到喜歡的歌曲，不妨也讓對方戴上其中一邊耳機，共同聆聽。

下次聊天時，別再只用「很漂亮」「好吃」「特別」來形容，幫你的故事修飾、升級一下吧。搞定「內容」後，下一節我們會接續加強你的「非語言訊息」表達力。

註釋

① 有興趣進一步瞭解的讀者，可參考心理學部落客「貓心」的文章：http://pansci.asia/archives/75952

實際演練

【自己的故事】整理單（精煉版）

主題	
分類	□美食 □旅遊 □興趣 □工作 □其他：
摘要	時間： 地點： 有誰： 事件：
亮點	
感官元素	視覺： 觸覺： 聽覺： 嗅覺： 味覺： 其他：
連結	

狀況A 別浪費時間在無意義的瑣碎細節上

狀況B 省話一哥／一姊讓人想「句點」

2-5 Show Time：運用你的表達力

故事蒐集、精煉調味後，再來就是實際上場，透過與對方互動來展現你的魅力與優勢。在聊天這件事情上，「非語言訊息」即是料理技術，能將準備好的食材發揮至最大功效。我們從兩部分切入：**聲音與肢體**。

"故事的靈魂：語調變化"

我喜歡與人當面聊天勝過網路聊天。主要原因就是，面對面互動有趣許多，也讓我有更多「武器」來營造氣氛，將對方帶入我的世界中。「聲音」會影響對方是否集中注意力聆聽，甚至能否投入故事。我將聲音拆成三個元素來檢視：**音量大小**、**音頻高低**、語速快慢。

請先記住一個原則：當聽眾人數越多，聲音變化就要越明顯，當然這也會消耗比較多力氣。記得某次在一所學校的大禮堂演講，當天來了八百多人，講完當下肚子超餓不說，身體就像是剛參加完路跑般疲累。好在一般的人際互動，頂多一打十，如果是約會情境，聽眾也才一人，只要拿捏好聲音大小、高低、快慢的些微變化，就能收到良好效果。

音量大小要適中

聊天時聲音過小，對方可能漏掉你的訊息，且容易情緒煩躁，影響互動意願。更麻煩的是，多數人會將「講話太小聲」與「缺乏自信」畫上連結，而產生負面印象。然而，太大聲除了讓人生理上不舒服，也會給人「強勢」「沒有顧慮到別人」「不禮貌」的感受。

為了讓音量適中，互動時可以透過觀察對方反應來調整。若對方不斷詢問或表示沒聽清楚，請提高音量幫助他聽得更自在。肢體語言是另一個評估線索，若你發現坐在對面的新朋友不斷前傾、靠近，別急著自嗨，以為「哈，看來她對我有好感」「想不到我滿有吸引力的嘛」，對方很可能只是覺得你聲音太模糊，想聽清楚而已。反之，當對方往後仰、拉開距離時，或許是聲音過大造成。參與團體聊天時，你的聲音通常需要放大，並觀察離你最遠的那位朋友是否身體一直往前，甚至已經心不在焉，這些都是「音量需要調整」的線索。

音頻高低要變化

有沒有遇過講話非常「平」的人？雖然對方的故事有趣、咬字清楚，但一個字一個字毫無變化的聲音，彷彿有著強烈的催眠效果，讓人注意力渙散、忍不住放空。聲音的高低轉換，能幫助對方融入故事情境、感受你的心情，是聊天時一定要留意的技巧。

一般來說，講到開心、興奮、新奇、有趣的情節時，聲音可以略爲拉高，展現出高亢、比較「嗨」的氣氛，來感染你的互動對象。提及理性、分析、評論性質的話題時，則可稍微降低音頻，營造出認眞的態度加強說服力。與音量的道理相同，在團體聊天的情境中，音頻高低變化可以明顯一些，好吸引大家目光。

語速快慢要搭配

聊天時必須避免「字詞黏在一起」「講話太快」，因爲它們同樣具有催眠魔力，會讓對方無法跟上你的速度。注意你的咬字，將每個音節清楚唸出來，可以透過月暈效應（Halo Effect）營造出「自信」「從容自在」「教育或家世背景良好」的印象。月暈效應指的是，人們習慣過度推論，將一點線索放大到整體。總之，當對方聽到你清晰、不疾不徐的聲音時，很容易對你產生正面猜想，更願意互動。

運用「放慢音速」通常能營造好的表達效果。以下兩種情況可以試著刻意放慢說話速度：

1.談到重要的關鍵字，較慢的聲音能造成強調效果，讓對方更專心聆聽。例如：「後來我們決定開車，**直．衝．武．嶺**，抵達後發現天空眞的超美！」這句話你想強調大夥兒殺上武嶺的冒險精神，可以在粗體字放慢語速。若想強調的是當天看到的景色，則變成「後來我們決定開車直衝武嶺，抵達後發現天空眞的**藍．得．超．美！**」

2.即將提到故事的亮點前，刻意放慢速度製造停頓，藉由讓對方等待而營造懸疑效果，也就是「賣關子」。例如「後來我們決定開車直衝武嶺，結果上去後**發現……**天空眞的藍得超美！」或是「大家討論了好久，**最後……**我們決定開車直衝武嶺！」

運用「賣關子」引發對方期待、想再繼續聽下去，在互動中具有良好效果。第三堂我會介紹另一個賣關子技巧：「發問」。

總結來說，我們在社交場合聊天時，可運用以上三個聲音元素，創造出不同的「溫度」，搭配你的語言內容。聲音表達技巧需要透過練習讓它自然融入互動中，因此我鼓勵你錄下分享故事時的聲音（影像更好），或是找信任的親朋好友當練習對象，並邀請他們給予回饋，幫助你調整。

聲音與語調的搭配運用

聲音溫度	語調特性	運用情境	效果
熱	較高音頻 較快速度 稍大音量	故事高潮 / 亮點、 提及正向情緒情節	引發對方 類似情緒
溫	中階音頻 中等速度	一般情節、 背景描述或說明	讓對方穩定聆聽
冷	略低音頻 較慢速度	資訊、知識 討論或分析事情	增加說服力

“故事的配樂：身體語言”

我是個興趣廣泛的人，其中一個興趣是看電影。某天凌晨睡不著，起身拿出 iPad 打算重新「複習」一次《環太平洋》，這部當年讓我在電影院起雞皮疙瘩的神片。電影開始不久，主角與哥哥正搭上巨大機器人「吉普賽危機」，但我卻整個沒 fu！那種氣勢激昂、即將迎戰外星怪物的熱血感覺完全沒了。怎麼回事？單純是因爲螢幕變小嗎？

當時我爲了不吵醒身旁女友，所以只開著極小的音量。於是，我拿起藍芽耳機，開啓聲音後，終於進入電影世界中，盡情感受故事裡的刺激元素。有看過《環太平洋》的朋友，一定對這段配樂印象深刻，氣勢磅礴、緊湊的旋律，彷彿自己也坐進了駕駛艙、從基地霸氣出擊。

比起上段提及的語調，我認爲「身體語言」更像是不可缺少的配樂：你未必立即注意到，但少了它就是怪怪的。肢體動作如同電影配樂，自然融入故事中，讓你不知不覺留下深刻印象。聊天中的身體語言，可以分四部分：**外型**、**表情**、**手勢與姿勢**。

外型&表情：你的第一張名片

當雙方接觸彼此、尚未開口前，會從兩個線索來產生初始印象：第一是外在形象，包括穿著、髮型、氣色等，第二是表情。在我的諮詢經驗中，這兩者容易受到忽略，造成起步不順甚至錯過機會。

「金玉其外，必定敗絮其內」的迷思，就如同「好好念書工作就會有老婆／老公」一樣，是我們從小被洗腦的觀念，也是讓許多人無法脫魯，始終維持母胎單身的主因之一。因為人類其實很愛「腦補」，從片段推測整體（即使常常不準）。這就是前面提過的「月暈效應」：從所見線索、所聞資訊，快速、過度評估並做出選擇。演化心理學認為，遠古時期的人類時時刻刻處於危險環境，因此得擁有迅速判斷、反應的能力。到了現代，我們每天要接收的資訊、要接觸的人群實在太多，為了減低大腦的工作量，於是持續使用這個習慣。

對方的外型，讓我們快速產生對他的好感或負評，雖然這些第一印象有可能在之後加以修改或加強，但也有可能因為過差的負評，而沒有後續的互動來讓你扭轉劣勢。正所謂「別人沒有義務透過你邋遢的外在，看見你豐富的內涵」，當你有很棒的故事與特質，當然值得用外型來搭配自己，讓內外相輔相成，並且增加取得「互動門票」的機會。也許你目前的身材不夠完美，但可以透過穿著隱弱揚善；或許你的顏值不是頂天，但膚質與氣色能讓對方覺得乾淨清爽。也別忘了整理髮型與養成運動習慣，讓自己在第一眼就產生好印象。

表情，是另一張無聲（卻重要）的名片。不論在一般社交或擇偶情境中，「和善性」都對人們具有吸引力。也就是我們傾向接觸友善、親切的人，甚至比較容易被他們吸引、願意拉近關係。「微笑」是用來開啟關係的有效表情，讓對方「腦補」你好親切、善良溫和，而留下好印象並願意持續互動（當然，希望你真的是這樣的人）。有些人其實並非心情差或討厭對方，但就是習慣緊閉雙唇，製造出嚴肅、沉悶的氣氛，無形高牆便阻擋了雙方靠近，非常可惜。若你有這種狀況，請對著鏡子練習：

動動嘴巴、吐吐舌頭，放鬆附近的肌肉。

不急著硬擠微笑，先鬆動緊貼著的上下嘴唇，讓它們輕觸即可。

再讓雙唇稍微分開，但不用張口（以免看起來很傻），試著吸一口氣，空氣能自由進入口腔即可。

最後，練習微笑。想想有趣的故事（不論別人或自己），記得微笑時的肌肉感覺。

當你與對方互動時（即使是第一次接觸），眼神對望也能激起好感，讓他更有意願靠近一步。但是，要達到這個效果的首要條件是，眼神需要溫和而自信。在大多日常社交情境中，你不需要遵照某些PUA（Pick-up Artist，一般稱為把妹達人）提倡的「狩獵理論」，擺出霸氣總裁的姿態盯著對方。因為在我的諮詢經驗中，被這樣盯著看的人不會覺得這叫自信，而是以為你在瞪人（潛台詞：「跩屁啊？哼！」）自信並非自大，我們不需俯視，只要平等待之，別矯枉過正讓人誤會你是刺蝟。溫和與自信可以並存，當你扮演一隻獅子時，記住你也是隻大貓；別害怕直視對方，但要放輕鬆，心裡維持「我想更認識、瞭解你」的潛台詞，而不是「我要征服、狩獵你，讓你喜歡我」。

手勢：自然擺動是最高原則

鼎泰豐的炒飯一直是我的心頭好，米飯粒粒分明灑上清爽青蔥、鹹味恰到好處、雞蛋穿梭點綴，以及新鮮濃郁的蝦仁。某次聚餐我照例點了一份炒飯，因為桌上小碗不夠，所以我跟服務生再要了一個。有位朋友笑了出來：「熊哥，你講就講，幹嘛手還要比一個碗的形狀啊？」我才發現，自己除了演講時手停不下來，連日常生活對話也已經習慣運用手勢。

手的動作可以讓聽者將注意力更集中在你身上，輔助你強調故事中的亮點與情緒，加深印象。此外，當我們描述東西、位置時，「比手畫腳」就是在製造「視覺線索」，讓對方更能進入故事中（還記得上一節提到，關於故事的精煉嗎？）所以囉，好手勢不用嗎？如果你聊天時還沒有「手口並用」的習慣，可以這樣練習：

觀察是學習第一步，留意身邊善於聊天的朋友、同事，若沒有這樣的對象，也可以看談話節目或參考 YouTuber。

觀察時留意他們是如何使用手勢，搭配怎樣的語言內容。

試著模仿，但不用照抄，而是加入自己的習慣或想法，讓手勢越自然越好。

練習時可錄影下來，也可對著鏡子，甚至請朋友給予回饋。

記住，手勢與前面的「語調」道理相同，聽眾越多時才需要越明顯；若是一對一互動，別把自己搞得像小丑一樣。

談論的內容偏理性，手勢的停頓感要明確；反之，若聊輕鬆話題或感性內容，手勢可以流暢溫和一些。

姿勢：決定你是誰

我讀大學時，宿舍附近的餐廳有台電視，供學生吃飯時有個娛樂（當年還沒有智慧型手機這玩意兒）。某天中午電視機前擠了一堆人，問室友才知道是棒球亞錦賽：中華隊出戰韓國，勝者將取得奧運門票。我湊上去看時，剛好輪到高志綱打擊，十秒後當球高彈跳越過三壘手的剎那，現場所有學生做了同一個動作：高舉雙手，然後開始吶喊。頓時，整個餐廳、宿舍區都是「哇」「送啦」「耶」此起彼落的巨大聲響。

爲什麼大家舉起雙手？過去，心理學家普遍認爲「情緒影響行爲與動作」，當我們興奮、雀躍時，自然會將肢體打開、動作放大；相反地，當心情低落沮喪、焦慮緊張時，身體會緊縮交疊、目光向下。哈佛大學教授艾美·柯蒂（Amy Cuddy）透過研究提出了另一種觀點：「動作也會反過來影響情緒。」人們透過刻意的肢體伸展或樣貌，能幫助自己提升信心、降低焦慮。柯蒂鼓勵我們運用動作來扭轉局面、因應挑戰，「姿勢決定你是誰」因而成爲TED經典演講之一，也是她後續出版的暢銷書書名①。

因此，**聊天時不妨讓自己的肢體打開，對於增加自信與減少緊張有正向幫助**。例如你可以將手放在桌上，而非藏在桌底下或雙手交疊緊握；也請留意你的肩膀可略爲向後，將胸口打開並正面對著互動對象。另外，背部挺直、目光平視前方，也是增加自信的動作。這些肢體姿勢，甚至可以在「正式上場」前，就用來逐漸提升信心、勇氣：出門時先對著鏡子練習張開身體，或是運用約會地點附近的廁所伸展，都能讓接下來的互動更自在。記住，**姿勢不只幫助你調整情緒，也影響別人對你的觀感印象**。還記得月暈效應嗎？展現出自信樣貌的人，較容易在第一印象取得好感，所說的內容也較有說服力。

最後，肢體既然能帶來正向影響，也能產生負面破壞。若身體封閉緊縮、頭部向下彎曲，可能讓我們對自己的「力量感」「控制感」也跟著往下跌落。什麼時候人們習慣這樣的姿勢？沒錯，就是滑手機！現在，你有了拒當低頭族的好理由了。

註釋——

① 雖然沒折座墊，但艾美．科蒂的研究還是起了爭議。有學者質疑實驗結果，認爲姿勢影響力並不如想像的大。科蒂則表示其他研究支持「姿勢會影響行爲與生理」的論點。可參考 http://fortune.com/2016/10/02/power-poses-research-false/

姿勢決定你是誰

將手放在桌子上，而非藏在桌底或雙手總是交疊

肩膀略為向後，胸口打開並正面對著互動對象
背部挺直、目光平視前方，也是增加自信的動作

這些肢體姿勢，甚至可以在走出家門前或「正式上場」前對著鏡子練習，
或是運用約會地點附近的廁所，把身體伸展開來，都能讓接下來的互動更自在

2-6

聊天，不能只是閒扯淡

在「建立你的資料庫」一節中提到，我們要成爲聊天達人，需要準備別人故事、朋友故事與自己故事三種話題。其中自己的故事是最能拉近距離、製造吸引力的核心話題，因爲對方可以透過這些故事，看見我們的特質；反過來，我們藉由分享親身經歷過的故事展現自身優勢，讓別人好奇而持續進一步地互動，甚至累積好感。

當你透過擴展生活圈、嘗試新事物並培養觀察力、蒐集許多故事素材後，得開始進行精煉，將感官元素當成調味料，增添故事的內容與精彩度，也讓對方有興趣聽下去。這個過程並非一蹴可幾，而是需要不斷練習再練習。你會發現自己的話題越來越多，從過去「不知要講什麼，只能尷尬看著對方」逐漸轉變成「能分享的東西太多，得做出取捨」。當你走到這一步，就表示基本的社交場合已經難不倒你了，結交新朋友、一場愉快約會甚至吸引心儀對象，將不再是遙不可及，或總讓你懼怕的事情。然而，這樣足夠了嗎？

我曾經舉辦過幾場聯誼活動（與其說聯誼，不如說是透過某些主題活動、遊戲，讓大家更瞭解自己，順便認識新朋友。例如愛情卡桌遊①），其中一場讓我印象深刻。身爲主持人的好處之一，是可充裕地觀察到不同成員的狀況。

阿寶有著不錯的聊天能力，肢體動作、聲音表達都自在大方，加上認出他先前有來過我的聊天講座，所以特別留意到他。在暖身與分組互動時間，阿寶將故事描述得頗爲精彩，例如夜宿武陵農場的濕冷、隔天櫻花海的美麗，讓聽眾聚精會神、互動熱烈。於是我很快轉移到其他組別，心想阿寶應該輕易就能贏得不少好感、要到對方聯絡方式。

一個月後，阿寶向我預約了一次諮詢。

「瑪那熊，你那天有看到我的聊天情況嗎？」

「有啊，看得出來你平常有在練習，不錯！」我給了他一個肯定。

「但，唉……」

「後續不順嗎？」聽到阿寶嘆氣，我有些意外。畢竟當天觀察到的情況滿好。

「是啊，雖然跟幾個女生交換了 Line 或 IG，也持續分享生活故事，但最多約出來一次後就慢慢冷掉了。」

「別擔心，我們來找出問題、對症下藥。」看到阿寶一臉沮喪，我試著鼓勵他，並決定運用情境模擬技巧來檢測，在建構場景、暖身過後請阿寶開始分享故事。聽完後我找到了線索，並向他確認：「嗯，你故事說得滿精彩，但似乎不太提心情、想法之類，對嗎？」

「誒？對啊，不是描述故事就好嗎？」阿寶不解地看著我。相信這個疑問也浮現在你腦中對吧？

分享故事的目的，在幫助對方認識你，並發現你的特質、優勢。聊天初期，的確會將行爲層面的描述設爲主軸，促使互動對象看見我們做了什麼、如何進行，發生什麼有趣、神奇、獨特的事情。然而，只用這種展現會讓認識停留於表層（行爲、人際圈、生活模式），阻礙了關係更靠近。近代心理學或諮商領域往往從行爲、情緒與認知三方面切入（依照不同學派理論，在比例上略有不同），以對一個人有更完整的瞭解。

因此，我們若要讓對方更認識自己，故事便不能只分享行爲、背景，而需要逐漸聊到另外兩樣元素：心情與心得。

“心情讓故事更生動”

當我們經歷某件事情時，必然產生一些情緒（即使「沒感覺」也隱藏著某種感覺，例如無聊、淡定、熟悉感）。分享故事時提及情緒，不只讓身爲主角的你更加凸顯，也能讓敘述更生動，具有幫助對方身歷其境、共同參與的功能。最終，還能達到加深記憶的效果，讓你的形象烙印在對方腦海中。別忘了，**「你做了什麼」只是故事表層，「你是個怎樣的人」才是故事主軸。**

在提及心情時，若兩人關係處於剛認識、互動不多、尚未熟悉的階段，要以正向情緒爲主。正向或負向情緒並不代表「好情緒」「壞情緒」，事實上所有情緒皆有其意義與獨特功能。例如「生氣」一般認爲具有破壞力，應該盡量避免，但它卻是最有力量的一種情緒。當受到挫折時，生氣可能讓你蒙蔽雙眼、怪罪他人，但也可能成爲改變的契機，轉換成「不甘心」而督促自己克服挑戰。

又例如「悲傷」（難過、傷心）的情緒，也常與脆弱、抗壓性低連結，它的確會讓人心情低落、欲振乏力甚至厭世，但也具有「吸引別人照顧」（激發母性？）的功能，在我的諮商工作中，當個案在晤談中宣洩悲傷到某個程度時，反而會開始「自憐」，逐漸產生力量與勇氣，從谷底慢慢爬起。

又例如像是「害怕」，一方面像在說這個人膽小、猶豫不決，另方面卻也可能代表謹慎、有自知之明。因此，正向、負向只是一種方便的歸類簡稱，前者較爲單純、主動，後者則偏向複雜、被動，並不是誰好誰壞。但由於雙方關係不深，過於複雜的負向情緒容易引起誤會，對方自行腦補而產生不良印象，故最好先以分享正向心情爲主。等雙方互動多了，再開始分享負面情緒吧！（該如何評估關係「夠近」？別急，我們在第四堂會談到。）

表露自己的負面心情有兩種：一是純粹訴苦，以爭取支持、抒發情緒、引發關心爲主，建議慎選可信任的對象進行；另一種則是在一般人際互動、約會吸引中，讓對方更認識我們，宣洩心情只是額外功能。這種負面心情的表露，多數人避之唯恐不及，尤其有些崇尚演化理論的把妹流派，最強調男人要陽剛霸氣，將負面情緒視爲一種懦弱，而男人是不能示弱的。然而，不論男女適時適度展現負面心情，其實對於關係的拉近有幫助，因爲它有以下五種功能：

1. 仰巴腳效應

這是社會心理學的一個名詞，最早是因爲學者想瞭解完美無瑕的人是否受歡迎？結果發現，表現良好、優點眾多但偶爾會出包、有些小缺點的人，反而更受歡迎。若你在對方面前總是完美周到，反而讓人有壓力而保持遠觀。

2. 激情之外，亦需親密

上面那段想必會讓有些讀者困惑，如果我表現得完美，難道對方不會因爲崇拜而跟我在一起嗎？搞不好他不覺得有壓力呢！的確，霸氣完美對有些人的確很具吸引力，然而這屬於心理學家斯騰伯格（Sternberg）愛情三元論中的激情，來得快也消褪得快。如果要讓感情持久，親密感是激情外的另一個必要元素，而分享自己的負面心情可能增進親密。

3. 關心與秘密

爲何談自己的負面心情/經驗，有助於增加親密感？難過、悲傷、害怕、焦慮、沮喪等情緒，往往能讓對方的鏡像神經元作動，產生相似情緒。鏡像神經元像是人體內建的鏡子，當我們觀察到別人的行為或情緒時，腦內會開啓一連串反應，如同在小劇場裡「模擬」了一遍。簡單來說，我們會對別人的心情感同身受。因此，當對方因為你展現的負面心情，彷彿也親身經歷過後，有可能想幫忙、支持或關心（關係夠近的話）。更重要的是，通常我們並不會逢人就提負面心情／經驗，因此這等於讓你們共享了一個秘密。在互動初期，「我」和「你」是兩個完全獨立個體，例如「我跟你聊天」「我和你吃飯」，而「我們」的概念能有效拉近距離，增加一體感。分享秘密、為彼此取只有兩人使用的暱稱、共同完成某些任務（例如約會），都對關係的推進、曖昧營造有很好的效果。

4. 核對自身擇偶／擇友條件

當你分享負面心情時，觀察對方反應是非常重要的事情，因為你得從她的回應態度及方式，評估這個人是不是你想交的朋友／交往對象。例如你想找個願意傾聽你心情、給予支持或照顧的人，結果對方總是轉移話題，或急著分析你哪裡做錯，那……可就得再三考慮了。

5.透過示範，引導對方也分享

當我們分享負面心情時，除了表現出自己對對方的信任外，其實也在示範「這麼做是OK的！」提升對方也願意聊自己負面經驗/心情的機率。這對關係拉近可就有許多好處了，增加親密元素、共享秘密促進一體感，且製造了安慰對方的機會（第四堂會教你有效接球、但不會變成心情垃圾桶的技巧）。

但我要再三強調，聊負面經驗/心情，最好較爲熟悉後再嘗試進行。且運用以下兩個技巧：

1.循序漸進

分享有分程度，別一開始就講超級悲慘的故事，以及強烈的負面心情，以免突然製造過多壓力，讓對方Hold不住只能逃之夭夭啊！請先從較爲輕微、最近或日常中的經驗開始，例如工作上小出包、沒搶到演唱會門票、好不容易放假卻感冒之類。在情緒詞彙上也別用得太重，並運用副詞來修飾，例如「不太舒服」「有點嘔」「感覺無言」，避免在還不夠熟悉時就用「非常痛苦」「有夠不爽」之類的詞句。畢竟，對方不是你的心理師啊，不一定能承受你這麼強烈的情緒！

2. V型反轉

人們喜歡聽故事，尤其是英雄冒險事蹟。還記得小時候的床邊故事嗎？抑或是流行文化中的小說、電影，常見主角具有某些優異特質，並透過努力奮鬥，開創一番豐功偉業。在《千面英雄》（*The Hero with a Thousand Faces*）這本書中，作者坎伯（Campbell）發現即使這些故事各有特色，但都在談一個共通議題：人類如何突破生命困境。坎伯也提出了「英雄之路」，用來解析這些英雄勇者們的冒險「公式」，若我們用最精簡（偷懶？）的說法，英雄故事的套路不外乎如此：

他們原本過著平凡生活，因為某些機緣（被人推了一把）不得不跳出舒適圈，嘗試挑戰大魔王。此時的英雄等級還不夠，所以會遭遇失敗、跌落谷底，接著得突破自己過去的黑暗面來成長，加上遇到貴人或情感上的支持（家人、戀人等），且挑戰帶給他挫折的人（競爭對手、有權有勢者之類），逐漸成為剛柔並濟的強者。最後終於打敗大魔王，並學習回歸原本的生活，但此時的英雄已經截然不同，在未來某一天再次踏上旅程，挑戰其他困難。

你會發現，英雄不是一帆風順，而是需要經過失敗、挫折來淬煉。一段旅程最精彩之處，莫過於摔到谷底的主角，如何重新站起、反思並克服自己過往的限制，並再度往上爬的情節。因此，若你分享自己的負面經驗/情緒，可以提到你所做的努力、嘗試，營造出V型反轉的氣勢。即使你尚未明顯成長或擊敗魔王也沒關係，但要讓對方看見你有這個態度，而非躺在谷底擺爛、自暴自棄。這種V型反轉若分享得宜，反而能讓對方產生許多好印象：不輕易放棄、瞭解自己缺點、勇於嘗試、喜歡學習、人脈不錯（遇到貴人）等，不一定是要很戲劇性的大逆轉。

“心得讓印象更深刻”

分享心情能讓故事活潑生動，讓對方更容易進入你的世界；分享心得則有助於讓你的「樣貌」更加明顯，在對方心中留下較深刻的印象。心得包括你對某件事物、經驗或人的看法、價值觀、想像等，它在幫助別人認識你，提供線索讓對方評估是否要靠得更近、定位彼此的關係。

依戀理論認為每個人因著成長背景、過去經驗，從自己與別人的互動中學習，逐漸形成「內在運作模式」，它是一系列當我們與外在環境接觸時，對自己與別人的知識、看法。簡單來說，這套穩定的系統，影響我們遇到各種人事物時的反應，也形成各種生活習慣、選擇判斷。因此，除了外顯行爲，在聊天時分享心得，能讓對方逐漸窺見我們的內在模式，換句話說，就是比較「深層」的部分。

前面提的阿寶，因爲他幾乎不提個人心情與心得，所以互動對象雖然知道他的生活豐富，卻也僅止於此。當回想起阿寶時，會有個大概的輪廓，但對他的「樣貌」卻模糊不清，也很難想像他對不同事物的反應如何。不知你有沒認識這樣的朋友，很嗨、很健談，但你覺得其實跟他並不熟，甚至有些距離感。相處上雖然沒什麼問題，要揪人也還可以，但對方不會是你的優先選擇，也很難和他分享自己更多事情。我不論在諮詢工作或私人領域上，都聽過、遇到這樣的朋友：雖有光鮮亮麗的一面，卻存在一堵隱形的高牆。

神秘感在關係前期的吸引，以及中期的曖昧製造，有著相當重要的功效。然而許多人會誤用，將自己包裝得過於神秘，雖然激發了對方的好奇心，卻也無法產生安全感。在依戀理論中，關係基礎來自於安全感累積，對互動對象的瞭解、相處，幫助我們預測對方行爲、想法、感受，增加我們對這段關係的信任與安全感，並願意讓對方看見更多的自己。因此，在互動初期別太快將自己所有背景、想法、生活全盤托出，而是分享一些後觀察是否出現友好指標，包括對方是否針對你的故事發問，或也分享他自己故事。這時的互動，要保留部分內容，製造對方的想像空間，營造出「未完待續」的氛圍，才容易得到下次聊天或約會的機會。因此分享會以事件本身、正向心情為主，勿鉅細靡遺什麼都交代清楚（通常這會變成獨角戲）。

例如，我們分享在花蓮海邊露營，半夜聽到小貓在門口喵喵叫的故事。

我方：「剛開始還嚇一跳，想說什麼聲音，結果一開門是隻出生不久的幼貓。」

對方：「咦？單獨一隻嗎？」

我方：「對啊，應該是被貓媽媽拋下了。」

對方：「好可憐喔，那你們怎麼辦？」

我方：**「呵呵，隔天要離開時實在不忍心（稍微提及心情），所以就收編囉！現在變得很漂亮。」**

對方：「哇！想看！」

這時如果急著表現，或習慣滿足別人，就會丟出好幾張照片，甚至開始滔滔不絕自己如何照顧貓咪、買了什麼高檔罐頭、如何佈置環境。這種直球對決沒有不行，但就是個平鋪直敘、沒有驚喜的故事。反之我們可以這麼回應：

我方：**「收編當天還有段波折，差點就沒辦法帶牠回家哩！」**

也就是刻意賣關子製造懸疑、引發好奇，讓對方更想知道故事的發展。等對方詢問怎麼了（上鉤）後，就可以繼續分享，提及更多心情與心得，並將話題延伸至彼此喜歡的動物、是否養過寵物等。至於對方剛才想看貓咪現在的樣子，該怎麼回應？**「好啊，我再傳照片給妳」或「我週末回家拍一張給妳看」**，留個伏筆不須立即滿足對方。若你們關係持續加溫，貓咪也會成爲未來邀約的哏（陪買貓用品、寵物展、來家裡作客等）。

要記得，互動後不論因爲你的引導，或對方本身就很積極，當發現互動越來越順利後，聊天的內容也可逐漸加深，提及個人在某故事或經驗中的心得，甚至是負面情緒。關於友好指標的判斷與運用，第四堂會有更詳細的說明。

註釋

① 愛情卡爲黃士鈞博士（哈克）所設計，屬於價值澄清卡片，可用來整理愛情觀、擇偶條件。除了個人諮詢使用，我常以團體桌遊形式進行，在玩樂中了解什麼對象適合自己。有機會歡迎來體驗。

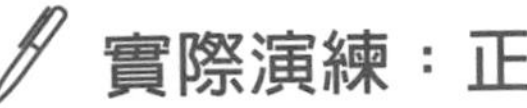

實際演練：正向情緒描述練習

在分享故事中的心情時，很容易出現的狀況就是詞彙過少。通常我們都只會講「很棒」「不錯」「滿開心的」「有趣」，實在太籠統且空泛。因此，練習擴展個人的情緒資料庫，對我們說出精彩故事有相當大的幫助。

請先回想最近一個愉快的生活經驗，並找出一個心情詞彙來形容當下感覺。接著，盡量找出相似，或更精準的詞彙，並且練習延伸為句子。剛開始延伸情緒描述時，想到什麼就記錄下來，再從中整理、精煉，讓原本的故事更精彩。

範例

故事簡述	三月中，朋友幫我過生日，大家突然拿出禮物盒要我現場拆開。原來是朋友們集資送的手機，且是我很想要的款式。
核心情緒	開心
延伸描述	出乎意料
	驚喜
	原本以為只是吃飯，想不到大家這麼用心
	感動
故事重述	三月中朋友幫我過生日，原本以為單純吃飯，突然大家拿出禮物盒。拆開後我整個嚇到！妳猜是什麼？（略停頓） 竟然是他們集資送的手機，還是我很想要的款式。當下覺得很驚喜，因為真的出乎意料，而且也很感動，朋友這麼用心，覺得有他們好幸運。

練習

故事簡述	
核心情緒	
延伸描述	
故事重述	

實際演練：負向情緒描述練習

比起正向情緒，我們對負向情緒的認識更少，尤其對男生來說更是如此，好像不該有似的。通常我們在描述只會講「難過」「不爽」「心情差」，這樣很難讓故事精彩。

請先回想印象深刻的負向經驗，並找出一個心情詞彙來形容當下感覺。接著，盡量找出相似，或更精準的詞彙，並且練習延伸為句子。剛開始延伸情緒描述時，想到什麼就記錄下來，再從中整理、精煉，去熟悉不同心情詞彙的差異。另外，我們也試著從中找到轉折，以進行 V 型反轉。

範例

故事簡述	參加攝影比賽，選了張覺得很不錯的照片投稿，卻連入圍都沒有，覺得很嘔。
核心情緒	失望：原本以為能得獎，結果卻是沒入圍。
延伸描述	生氣：為什麼沒有選我的？
	懷疑：會不會我技術真的比別人差？
	難過：可能我真的沒有天份。
	沮喪：難道說該放棄攝影了？
故事轉折	但後來想想，當初接觸攝影，是因為想將感動的畫面留下來，有沒有得獎其實不是最重要。所以我還是有持續在攝影，也有上一些課。
故事重述	參加攝影比賽，選了張覺得很不錯的照片投稿，我對自己的作品很有信心，也抱著很高的期待。後來得獎名單出來，妳猜我的名字在哪一欄？（略停頓） 根本沒有在名單上……連入圍都沒有，當下覺得很失望，也懷疑自己是不是很差，該不該放棄攝影。但後來想想，當初接觸攝影，是因為想將感動的畫面留下來，有沒有得獎其實不是最重要。所以我還是有持續在攝影，也有上一些課。（觀察對方反應） 我幫妳拍一張，妳來當評審，拍得好請妳喝飲料！啊，這樣好像是賄賂。

練習

故事簡述	
核心情緒	
延伸描述	
故事轉折	
故事重述	

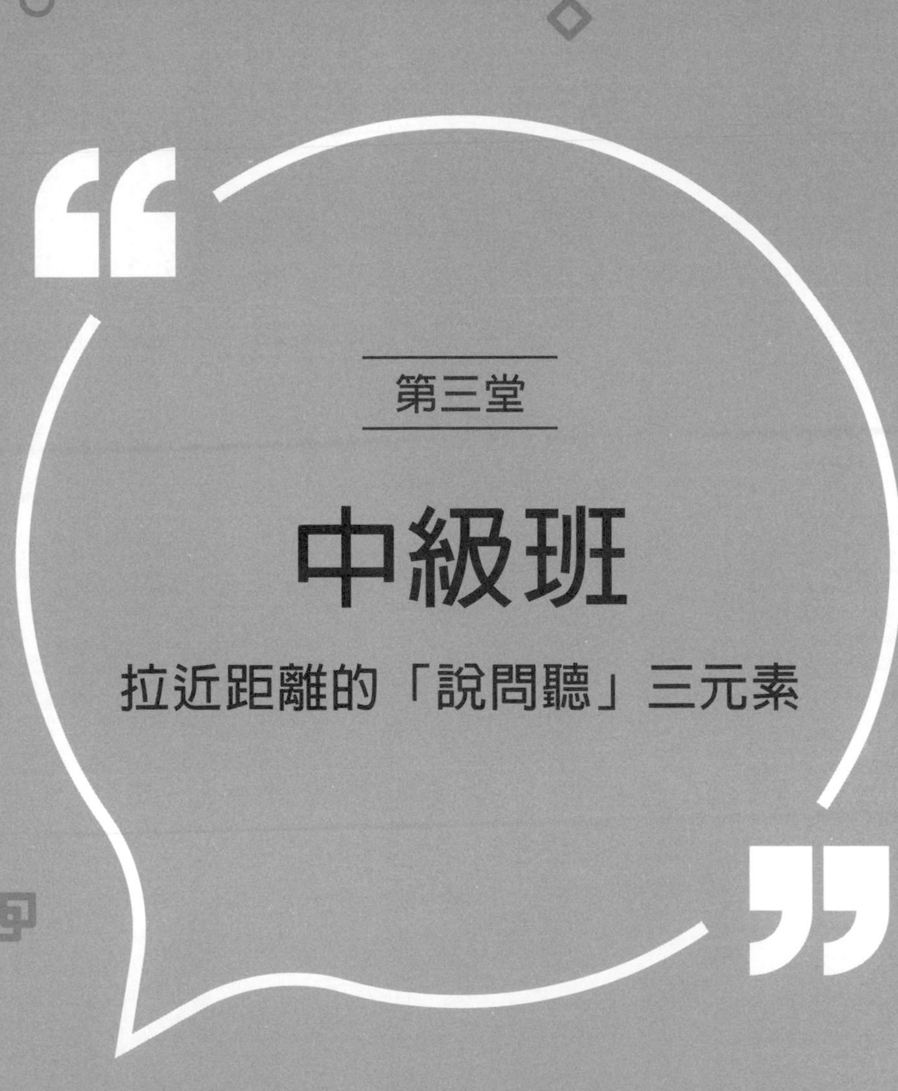

第三堂

中級班

拉近距離的「說問聽」三元素

3-1

你在演講，還是聊天？

我們在第二堂討論了如何建立、精煉屬於你的故事資料庫，拿來當作聊天話題，並運用文字描述、聲音、肢體、表情等武器來表達。然而，這只是聊天之旅的一半而已。

“「講太多」，讓你與人互動總是開高走低”

Jason幾年前曾找我諮詢，他坐下來後，開始介紹自己的背景、生活，述說著許多他爲了拓展人際、結交伴侶而做的努力。包括培養烹飪興趣、跟朋友去潛水（甚至打算考證照）、去年留職停薪兩個月，跑到蘭嶼打工換宿的點點滴滴。受心理諮商訓練影響，眼前的諮詢者「說了什麼」「如何說」都是我用來找出對方盲點的珍貴線索，於是我靜靜聆聽了十五分鐘。

「Jason，」我喝了口水打斷他：「我想請你談一下遇到的困擾是什麼？」

「喔，就是我自認生活豐富，表達技巧也不差，」這倒是真的，Jason 在非語言訊息的部分掌握不錯。

「可是不管跟男生或女生，互動起來總是開高走低，剛開始他們對我會好奇，主動找我聊天，但之後就越來越冷。像有一次我參加朋友揪的爬山團，那次我們去了……」

「OK，你先休息一下，我大概抓到原因了。」這次，我可不打算再聽十五分鐘，畢竟要在剩下的時間幫助 Jason 搞定問題。

聽到我這麼說，Jason 露出狐疑的表情，欲言又止。

所謂旁觀者清，或許你也發現了些許不對勁。Jason 的豐富故事與表達能力是他的優勢，同時卻也隱藏著一個盲點。當時坐在他對面的我，有種聽演講的感覺，與一般諮詢者快速描述困擾不同，Jason 滔滔不絕地講著自己的過往經歷。當我請他回想與新朋友聊天時的情境，得到了「跟剛才好像差不多」的答案。這讓我更加確認，Jason 在人際與愛情中總是開高走低的主因，就是「**講太多**」了！

“說個不停的負面影響”

聊天的精髓是「互動」，若只顧著自己講故事，就變成了單方面的演講，甚至更糟像台播放器！這種單向的聊天，會帶來以下幾個壞處：

讓對方感到無聊

回想你求學時期的經驗，台上老師不斷說話，但沒有停頓或設計問題讓學生思考、回答，是不是會讓你精神越來越渙散？要嘛想打瞌睡，要嘛已經開始想晚餐要吃什麼，甚至拿出手機開始滑。當我們純然成為「接收者」時，注意力很難長時間集中，且會因為缺少參與感而無聊。

產生「自我中心」的負面印象

當你述說的內容都是「我上次」「我覺得」「我曾經」，讓對方無法反應、分享自己的經歷時，很容易讓人覺得被忽略、不被重視，便不知不覺為你貼上「只顧自己」的標籤。

無法瞭解對方

不斷分享自己的故事，雖然可以讓對方快速留下許多印象、越來越認識你，但同時也出現了「你無法認識對方」的尷尬局面。關係是種互相選擇、調整距離的過程，若你無法瞭解對方，又怎麼決定要靠得多近呢？

“聊天變成演講的原因”

由此看來，單方面分享（嚴格來說不能稱爲聊天）是聊天大忌，卻容易出現在人際或愛情互動之中。發生這種情況有以下幾個原因：

原因一：過於緊張

雖然學習了聊天技巧，但眞正上戰場運用時，難免還是會緊張。「對方會不會沒興趣？」「我的故事是否太無聊？」「剛才的話題好像轉得很硬，怎麼辦？」諸如此類的焦慮，除了會讓聲音與肢體不自然，也會限縮我們的認知能力，講白話就是腦袋變鈍

（用太多資源在煩惱與擔心），而變成滔滔不絕自顧自地說著自己的事。

破解：把每一次互動都當成一種「練習」而非「考試」。練習本來就不可能完美，重要的是累積經驗並在事後找出可以再進步的地方。

原因二：練習失衡

不少來參加課程的學員原本是省話一哥一姊，自從破釜沉舟開始學習聊天後，逐漸願意與人攀談，也因爲獲得越來越多的聊天技能，每次與人互動都想盡量發揮學習效果。這原本是件很棒的事，因爲聊天能力與經驗息息相關，練習越多對提升聊天力大有裨益。但如果只偏重「分享」的練習，而忽略了「發問」與「聆聽」，會讓你的聊天模式逐漸固定，甚至習慣唱獨角戲。

破解：在建立話題資料庫時，也將「問題」一併設計進去，實際互動時就不會只有故事可講，還能發問。

原因三：缺乏自信

或許你會困惑，那些一直分享自己故事、展現自我優勢的人，明明一副侃侃而談、光鮮亮麗的樣子，怎麼會缺乏自信呢？心理學大師阿德勒認為，人的行為皆有其目的，我們要探究的是表象背後隱藏的動力。一個滔滔不絕說著「我如何」的人，彷彿在呼喊「請大家都看著我」「我需要你們的目光與掌聲」。然而有自信的人，並不需要利用聊天收集別人的關注與掌聲，他們反而想多認識對方，與人建立一段自在平等的關係。

破解：與人互動的目的在於分享自己生活中的有趣故事、生命中的獨特經驗，而非討好或贏得掌聲，並在聆聽別人故事的同時，拓展自己的眼界。

3-2

除了故事，你還需要問題

既然我們知道不能把聊天搞成演講，那該如何製造良性互動呢？「問問題」就是最簡單的方式。其實，絕大多數人並非「想不到問題來問對方」，反而是「問題太多」以及「問錯方式」。

Kevin 在一間工業風裝潢的咖啡店，正等著約會對象 Nancy 出現。雙方幾天前在交友 APP 上認識，恰好老家都在板橋，又是同一所國小畢業，很快就搭上話。雖然交換了 Line 但互動不多，卻因爲週五休假，便順水推舟約了今天見面。

「哈囉，我是 Nancy。」捲髮俏麗的女生發現了 Kevin 並坐下來。

「妳好，我是 Kevin。」在簡短寒暄並點了飲料後，Kevin 開始嘗試聊天：

「Nancy 妳現在做什麼工作？公司在哪？是通勤上班嗎？還是租房子？」

Nancy 微微皺眉，但還是回覆了對方的問題。

「那妳畢業後就是做這份工作嗎？做多久了？年終幾個月？」

Kevin 沒有發現對方臉色已不太好，仍然像機關槍似地問題連發。Nancy 的回覆更加簡短，希望盡快結束這種對話。

「妳平常放假都在做什麼呀？」Kevin 終於不再問工作，但還是丟了問題過去。

「呃，通常是逛街吧。」

「去哪裡逛街？」

「信義區……」

「跟誰去？是很熟的朋友嗎？」Kevin 像警察上身，在爲 Nancy 做筆錄。

「呃，不好意思我去一下洗手間。」Nancy 快速起身，走去廁所的路上忍不住翻了白眼，思考著該如何脫身。

不是光問就好，小心踩到地雷

像這樣的互動模式，我相信不少人也有類似的經驗（不論你是 Kevin 或 Nancy）。雖然有「發問」，但卻踩到了兩個地雷：

地雷一：問題太多

不斷講自己的故事會讓對方覺得無聊，但一股腦兒問問題則會讓人感到極大的壓力。問題連發雖然會有互動，但也會讓當下情境像是在「面試」或「做筆錄」，仿佛被迫做身家調查：回答覺得不自在，不回答又怕尷尬。在這種兩難又有壓迫感的氣氛中，對方自然不想繼續聊。會這樣連珠砲發問的人，通常是過度緊張加上沒有準備好話題資料庫，想不出自己能分享什麼，所以只能不停發問。

地雷二：內容過深

在一般人際與愛情關係中，熱度通常是逐漸加溫的。假設將關係視爲一條橫軸，最左邊代表零接觸的陌生人，最右邊是濃得化不開的靈魂伴侶，中間還存有許多「關係狀態」。互動最重要是雙方對關係的認定接近，例如 Nancy 主觀認爲這段關係處於「剛認識，還不熟悉的朋友」，所以 Kevin 的發問也只能差不多在這位置。還記得上一堂提到，分享的內容要由淺至深嗎？發問也是同樣道理。「年終幾個月？」「跟誰去？是很熟的朋友嗎？」這種問題，對此階段的雙方來說，已經明顯越界了。

當然，爲了讓關係逐漸加溫，你可以「多做一些」，刻意用稍微深入一點的問題測試對方的反應。若他很自然地回答，且並非一句話帶過，就可視爲「我們關係更往前」的線索；但如果對方只是點到爲止或是轉移話題、打哈哈閃躲，那代表時機未到，他並沒有想跨這麼大步。而且，這時千萬別再打破砂鍋問下去（以免被當白目），改問淺一點的問題，讓氣氛再度回歸自然。

聊天不是做筆錄，問題太多踩到雷

“設計「好」問題，製造更多互動”

那麼，我們該如何準備「好的問題」，讓雙方有更多互動，也幫助你們更瞭解彼此呢？從形式、目的與預期回應來看，問題可分爲以下三種：

1.封閉式問題（是非題）

「妳住台北嗎？」→是／不是

「你喜歡看電影嗎？」→喜歡／不喜歡

「妳有出過國嗎？」→有／沒有

「你週末要工作嗎？」→要／不要

諸如此類的發問，就是封閉式問題，如同考卷上的是非題，對方在第一時間僅能回覆YES／NO。這種問題可以快速讓你確認某些資訊或狀況，也讓對方很容易回答，但最大的缺點是回應內容貧乏，而且很容易造成句點、聊不下去。更糟糕的是，如果你連續使用，不停要對方回答YES／NO，往往造成互動對象的壓力，把氣氛搞僵。

要避免這種窘境，可將是非題略調爲「選擇題」。例如：

「妳住台北還新北呢？」

「你比較喜歡看電影還是逛街？」

「妳去過日本或韓國嗎？」

「你週末打算工作還是放空？」

也就是說，設計二至三個選項讓對方擇一回答，且選項可以相近（台北／新北、電影／逛街），也可以相異（日本／韓國、工作／放空）。你可能有個疑問，如果對方兩個都不選怎麼辦？他可能不住台北，也不住新北啊！或者他沒去過日本，也沒去過韓國呢！

別人以爲是非題或選擇題，是爲了「猜中」對方的狀態，讓對方以爲你很懂他。的確，在所謂「冷讀術」①技巧裡，會藉由猜中對方的資訊、背景來增加熟悉感。但**封閉式問題最主要的用意，其實並非單純猜測，而是獲得資訊以及延伸話題**。即使你提供的兩個選項都不符合對方狀態，例如：

「妳去過日本或韓國嗎？」

「都沒有耶！」

只要再補上一句**「那去過哪個國家呢？」**即可（稍後會介紹這類問題）。因此，**封閉式問題盡量不要單獨使用**，而是用來搭配以下介紹的其他問句。

2. 簡答式問題（填充題）

「妳住哪裡呢？」→台北／板橋／中壢／竹北／高雄……

「你喜歡哪種類型的電影哩？」→無腦爽片／恐怖片／科幻片……

「妳去過哪些國家呢？」→日本／韓國／義大利／冰島……

「你週末打算做什麼哩？」→跟家人出遊／在家追劇／補眠……

諸如此類的發問，就是簡答式問題，像是考卷上的填充題，讓對方回覆一個或數個答案。這種問題不難回應，且得到的資訊通常比封閉式問題稍多，延伸話題也容易。更棒的是，它可以與是非或選擇題相互搭配，減少被句點機率，也就是如上段的示範，在你的封閉式問題讓對方無法作答時，用以繼續互動。

看到這裡你應該已經發現一個關鍵，不論是封閉或簡答式問題，單獨使用的效果並不佳，交替使用成爲一個組合會更好：

「妳比較喜歡看電影，還是逛街？」（封閉式）

「看電影。」

「哈，跟我一樣。最近有看哪部電影呢？」（簡答式）

「上週末看了《縮小人生》。」

「妳覺得好看嗎？」（封閉式）

「不是我的菜耶！」

「啊，我看預告還以爲很不錯……謝謝妳幫我省下兩百元！」

「哪來這麼便宜的票呀？」

「信用卡優惠啊，妳該不會都買原價吧？」（封閉式）

「呃，是啊！」

「虧大了。不過說到電影，我倒覺得前幾年有一部很棒。妳聽過《星際過客》嗎？」（封閉式）

「沒有哩！那在演什麼？」

「（簡介＋個人心得）」

「聽起來眞的滿有趣耶！」

「嘿，換妳推薦心目中的神片了！」（簡答式）

在以上的例子中，你會發現不能只有單方面發問，也要融入上一堂的「故事」，甚至是「心情&心得」，才能引發對方的好奇心，並製造互動（讓對方也發問）。但是，若你想讓聊天更進一步，還需要最後一種問題型態：開放式。

3.開放式問題（申論題）

「妳住的地方如何呢？」→那邊超偏僻的啊，不過好處是……

「你覺得那部電影最精彩的是什麼？」→主角超帥，啊，還有結局整個大逆轉……

「京都這麼棒喔？爲什麼？」→整個很古色古香啊，尤其我們有穿和服拍照……

「你們週末要去宜蘭呀，打算怎麼玩呢？」→我們要去南方澳漁港，聽說那裡……

諸如此類的發問，就是開放式問題，如同考卷上讓人一個頭兩個大的申論題，對方得用幾句話，甚至一個故事來回應。這種問題較難回答，尤其在兩人尚不熟悉時，會影響對方的回覆意願，最糟的情況是被問的人只用簡單一句話、一個詞帶過。因此，**在使用開放式問題前，不妨先運用封閉式、簡答式的問題組合來暖身。**

開放式問題的優勢在於，能得到最豐富的資訊與故事，不但能大幅增進你對他人的認識，也易於從中找尋話題，讓你們繼續聊下去。當然，這也代表你在「問」完後，需要運用「聽」的能力。別擔心，之後會詳細說明。

開放式問題的核心，來自What、How、Why，加上How about共四種元素，如下例：

「妳住的地方如何呢？」→How about

「你覺得那部電影最精彩的是什麼？」→What

「京都這麼棒喔？為什麼？」→Why

「你們週末要去宜蘭呀，打算怎麼玩呢？」→How

只要用這四個元素，你也可以輕易設計出許多開放式問題，並且與封閉、簡答式問題搭配運用。

“What問句的特殊用法”

關於發問，網路上有一派說法認爲不要使用「爲什麼」（Why），而是用「是什麼」（What），例如：「比起爬山，爲什麼你比較喜歡去海邊？」改爲**「比起爬山，是什麼讓你比較喜歡去海邊？」**理由是「爲什麼」容易讓人有被質問的負面觀感，「是什麼」除了較溫和外，也讓對方容易具體回答。

其實這種說法，與心理諮商有密切關聯。諮商技巧書籍中，就提出這樣的建議，鼓勵心理師與個案晤談時，多用「是什麼讓你有這感覺」「是什麼讓你決定這麼做」來取代「爲什麼」問句。然而，不論在諮商工作或日常聊天經驗裡，我都發現「是什麼」句子未必有原本預期的效果。因爲早期提倡此觀念的諮商書籍，作者多是歐美語系出身，再由出版社買下版權翻譯，「是什麼讓你……」的句子，並不是我們文化的習慣用語，反而易讓個案或互動對象感到困惑、不自在。

因此，若在聊天時要使用「What」，需要做點調整。

1. 開頭→句末

以「是什麼」開頭不符合一般口語，但置於後方就會順暢些，例如：

「你覺得這家店最獨特的餐點是什麼？」

「你這次露營，最有趣的是什麼呢？」

也就是用「What」來問故事內容、資訊，而非原因、理由（用「Why」詢問原因、理由才符合口語習慣）。

2. What→What happened

適用於「觀察／得知對方某些事情，想進一步瞭解」的情境。訣竅是先描述發現或接收到的訊息，再用「怎麼了／發生什麼事」（What happened）進行發問。例如：

「你今天氣色超好哩，發生什麼事了？」

「你剛說你們去南寮漁港，但一下就閃人，怎麼了？」

3. What → What part of…

當你想更瞭解對方故事細節，或是打算將話題帶得更深入，觸及「想法」「觀點」等內在元素時，也可以運用「什麼部分」（What part of）的問句。例如：

「真好，竟然去看首映會。這電影的哪些部分讓你想推薦呢？」

「哇，去宮古島好特別！旅程哪一段讓你印象最深刻哩？」

「我也很喜歡跟 Tim 聊天……那你覺得，他什麼特質最吸引人呢？」

至於「為什麼」是否真的會讓人感到被質問、有壓力呢？留意不要連續發問（中間需穿插分享），並且藉由讓**語調略微上揚**，就能展現出「好奇」而非「質疑」。因此，只要掌握這兩個技巧，在聊天中想知道「為什麼」時，就大膽問吧！

註釋

①冷讀術是一種常見的互動技巧，主要透過「細微的觀察」「模稜兩可的敘述」或是「罐頭提問、樣板句子」創造出讓對方覺得「這個人怎麼這麼懂我」的感覺，進而拉近距離。然而在眞實互動中需要留意，以免因使用不當給人浮誇、嘴砲的負面印象。

問題的形式、功能與適用情境

類型	形式	元素	優點	注意
封閉式	是非／選擇題	有／沒有 是／不是 喜歡／不喜歡	快速確認	避免單獨使用以免造成壓力或容易被句點
簡答式	填充題	哪裡 哪些 哪種	快速搜集資訊	穿插分享自己
開放式	申論題	What Why How How about	取得豐富資訊 延伸話題	先透過前兩種問題暖身，並結合「聽」的能力

實際演練：好問題設計單（範例）

我想聊的主題：出國旅遊經驗	
封閉式問題	喜歡旅遊嗎？ 有出國玩過嗎？ 跟團還是自助？ 有租車自駕嗎？ 住民宿嗎，還是旅館？ 聽說那間店很難排，後來有吃到嗎？
簡答式問題	去過哪個國家？ 最想去哪個國家？ 你是去哪些景點？ 吃到什麼好料呢？ 有看到些什麼呢？ 你們逛了多久？
開放式問題	自助滿厲害耶，當時行程怎麼規畫的呢？ 好像不錯誒，那個景點如何哩？ 這趟旅行你最推薦是什麼？ 聽起來很特別，吃起來味道怎樣？ 為什麼決定去那邊呢？ 為什麼想去那裡？

實際演練：好問題設計單（練習）

我想聊的主題：＿＿＿＿＿＿＿＿	
封閉式問題	
簡答式問題	
開放式問題	

3-3 組合技：不再被句點的 QSQ 技巧

Jerry 正在跟上週新來的同事 Cathy 用 Line 聊天。第一天見面時，Jerry 就對她有好感，也因爲工作有交集趁機交換了 Line，希望找機會拉近雙方距離。

Jerry：「可惜，如果妳早來公司一個月，就趕上員工旅遊了，我們今年是去京都。」

Cathy：「是喔。」

Jerry：「對啊，我覺得金閣寺超美的，還去了伏見稻荷跟奈良，那邊的鹿實在有夠多，而且滿可愛。不過那個 David 倒是被鹿追著要仙貝吃，超好笑！」

伴隨這句話，Jerry 傳了五、六張旅遊照片，猜測這樣能引起對方回應。

Cathy：「嗯嗯，不錯啊！」

因爲 Cathy 的反應不如預期，讓 Jerry 陷入不知該怎麼繼續聊的窘境。

其實不少人曾遇過類似狀況，也就是俗稱的「被句點」，這種難以接話的尷尬場面，的確是互動中的大魔王。現在，你已經掌握了故事與問題，該如何發揮最大效益，降低被句點的機率？答案就是，**設計你的QSQ組合技**，讓聊天更順暢。這個技巧由「Fake-Question」「Share」「Real-Question」構成，幫助你大幅提升雙方的互動，請務必嘗試。

“Fake-Question：刺激好奇心的假發問”

我們要「說故事」時，別急著開門見山講個不停。正如電影上映前運用預告片來炒熱氣氛、製造吸睛效果，我們同樣可以運用「假發問」來聚焦目光、引發好奇，爲隨後的故事做足預告。

也因此，**假發問並非眞的要「問」對方。換句話說，對方有無回答以及回覆內容其實並非重點，營造暖身並勾起他想聽下去的興趣才是目的。**假發問建議用封閉式或簡答式即可，因爲它只是一個快速開場，目的是讓對方容易反應，若用開放式就顯得拖泥帶水。

「妳吃過乾式熟成的牛肉嗎？」

「妳去過清境農場嗎？」

「你上週末有去哪玩嗎？」

「你們今年中秋節也有烤肉嗎？」

對方的反應通常會有三種：

正向反應但簡短

例如「有啊」「去過」之類。這時你可以用個**轉折句**，然後準備分享故事。

範例1：

我方：「妳吃過乾式熟成的牛肉嗎？」

對方：「有啊。」

我方：「**看來妳也是老饕啊**，我前陣子跟朋友去台中新開的牛排館，那家店……（分享故事）」

範例2：

我方：「你上週末有去哪玩嗎？」

對方：「有啊。」

我方：「**哈，果然不宅**。我週日也跟家人去了趨清境農場，本來……但是……（分享故事）」

正向反應且豐富

如果對方的答案是YES，而且分享了一些內容怎麼辦？這不是假發問而已嗎？別緊張，若對方主動提了自己的故事，那不是很棒嗎！你可以選擇先就對方的話題來聊，之後再找機會回到原本要分享的事情。當然，若你想直接講自己設定的內容也可以，但要留意頻率太高容易讓人覺得「只顧著講自己的事情」，甚至給人「自我中心」的負面印象。

範例1：

我方：「妳吃過乾式熟成的牛肉嗎？」

對方：「有啊，上個月生日才跟朋友去吃教父牛排，真的好吃耶！」

我方：**「哇，妳也去過啊，那妳點了什麼？」**（用簡答式問題接對方的故事）

或**「這麼巧，我是上週去吃的，那天點的是……（分享故事）」**

或**「哇，有聽過，好像是很棒的店哩！我自己是上週吃了 A Cut，當天……（分享故事）」**

範例 2：

我方：「你上週末有去哪玩嗎？」

對方：「有啊，我自己安排了一個小旅行，去住宜蘭一家很有特色的民宿。」

我方：**「哈，不錯哩，有什麼特色呢？」**（用開放式問題接對方的故事）

或**「我也很喜歡宜蘭哩！妳住哪一間呢？」**（用簡答式問題接對方的故事）

或**「我也覺得宜蘭很適合小旅行，之前住過一間也很特別的民宿，是在……（分享故事）」**

負向反應且簡短、無反應

如果對方回應是「沒有」「不知道」，千萬別焦慮以爲自己被句點。既然叫做假發問，表示收到這種負向反應也無所謂，不會影響接下來的互動。而且，對方沒有這個經驗，反而讓你的故事更有機會勾起好奇與興趣！這時，就大方聊你準備的故事吧！

範例1：

我方：「妳吃過乾式熟成的牛肉嗎？」

對方：「沒有。」

我方：**「那我一定要推妳入坑！我上週幫朋友慶生，去台中新開的牛排館，那家店……（分享故事）」**

範例2：

我方：「你上週末有去哪玩嗎？」

對方：「……」

我方：**「我週日跟家人去了趟清境農場，本來……但是……（分享故事）」**

當然，你不需要每個故事都先用假發問，這樣會讓對話過於累贅、刻意。依照我的經驗，越長（內容細節多）、越重要（能有效展現你的優勢），或越獨特的故事，較需要運用假發問來暖身。

“Share：分享才是聊天的初衷”

國小時，我們期待下課十分鐘跟同學聊昨天的卡通、雜貨店抽到的獎品。

回家後，一邊吃著晚餐，一邊跟爸媽說著學校的日常、班上發生什麼事。

用假發問快速開場、暖身後，接著就是你的主秀時間。聊天有許多目的：增進溝通、拉近關係、加深認識、吸引對方，但我認爲「分享生活/生命中的有趣經驗、美好事物」是最重要的初衷，正如同我們曾經與同學玩伴、家人朋友自然互動那樣。讓對方認識你，並走進你的世界吧！運用第二堂學到的創造、整理與建立、精煉故事技巧，在聊天中分享故事，而非只是提供資訊（尤其別說太多對方 google 就能找到的東西）。

過去，旁人對我的印象講好聽是內斂木訥，直白說就是內向害羞。大三那年，我開始決定改變並學習聊天，剛好有門通識課得在期末分組報告。若是照以前習慣，我總是處理幕後文書工作，找資料、做簡報之類，這次我給自己設定一個挑戰：負責上台主講，訓練自己的膽量。雖然憑著一時衝動自告奮勇，但畢竟已經宅了好幾年，所以不誇張地焦慮了大半學期。

期末報告當天，我帶著昨晚睡不好的黑眼圈進入教室。前一組的內容我幾乎沒聽進去，只擔心著「怎麼辦快要輪到我了！」上台介紹的主題是我提議的奇幻文學，因爲當年超愛的《魔戒》電影三部曲剛結束，加上一直有接觸「魔法風雲會」①紙牌遊戲，所以對於報告內容頗爲熟悉。然而，看著台下五、六十位不認識的人，仍然讓我雙腿微微顫抖，呼吸急促，思考當機般遲滯。我不知道該怎麼辦，只好深吸一口氣，接著，一個念頭閃現腦海：「不就只是把喜歡的東西分享給大家嗎？」

伴隨著這個念頭，我感受到肩膀沒那麼緊繃了，焦躁情緒也逐漸緩和。是啊，我是來跟別人分享奇幻文學，一個我接觸許久且喜愛的東西，哪來這麼多擔心與煩惱？於是我開啓了ＰＰＴ，從一張張圖片與幾段影片中，介紹這個主題。三十分鐘很快就過去，台下有三位同學舉手發問，於是我們又討論了五分鐘才結束報告。

「嘿，你眞的很喜歡那個什麼魔法牌齁？」組員在我下台後問我。

「對啊，怎麼了？」

「你剛剛講得很嗨啊，我聽得都想玩玩看了！」

聽她這麼一說，我發現剛結束報告的自己心情很愉悅，甚至有些興奮。不只是我完成了挑戰，還因爲分享了很有趣的內容。分享是快樂的，可能帶給別人新的見識、經驗與好心情，這不就是我們前面提到「自我擴展」嗎？人們喜歡透過互動，從對方身上學到更多東西。

所以，擴展你的生活經驗，準備好故事，然後分享給對方吧！當你帶著「分享」的信念，許多煩惱將顯得不再重要：「他會不會沒聽過這個？」「他是否對這東西沒興趣？」「我應該先知道他喜歡什麼嗎？」

嘿，Buddy，你要做的是將好東西與對方分享，而不是討好別人或讓人覺得你有多了不起。別讓這些擔心阻撓了你與人互動。當你在分享故事時，記得不能像在演講，中間得穿插一些小提問，讓對方參與對話。也就是在分享過程持續使用幾個假發問：賣關子讓對方猜測、引發更多好奇、讓他回應故事，如果對方是負向回應（沒有、不知道、沒聽過），也不需過度擔心，請繼續分享吧！

“Real-Question：邀請分享的真發問”

假發問能引發別人好奇，當你分享故事後，若對方屬於善於聊天的人，通常會接話或發問；但如果對方沒有主動回應，對話就此嘎然而止，雙方陷入不知再說什麼的窘境。爲了避免被句點，我們可以主動出擊，在分享後丟出一個問題，讓他接話。也就是針對剛才的故事，邀請對方也分享他的故事。這麼做目的有二：

認識對方

正如運用說故事來讓別人認識我們，對方的故事也將讓你更瞭解他，好評估是否適合繼續靠近、來往，甚至對方有沒有符合你所設定的伴侶、朋友條件。

延續對話

只說不問或只問不說，嚴格來看都無法算是互動，這種聊天模式的吸引效果不佳，甚至可能讓對方不想再跟你聊天。所以眞發問是避免你一個人唱獨角戲，鼓勵對方參與互動。

那麼，若對方接球開始回應了，怎麼辦呢？你可以針對他的故事內容再發問，或是分享你類似故事，這部分在下一節會更詳細解析。我們先來思考，如何設計你的眞發問？首要原則，就是**與你的故事有關**。

你喜歡逛夜市嗎？我幾年前春節，臨時起意約了朋友去逛台中逢甲夜市，結果人潮多得可怕，吵雜的聲響充滿整條街道。用寸步難行來描述還不夠貼切，我幾乎是被人潮推著往前走，不誇張，眞的有種站在輸送帶上的感覺。結果沒吃到什麼東西肚子超餓，我們就趕緊逃離現場去吃火鍋，眞是太難忘了。

假設這是你的故事，你會接怎樣的眞發問：

A. 你最近有看哪部電影嗎？
B. 你喜歡吃什麼類型的食物呢？
C. 你也去過逢甲夜市嗎？
D. 你有沒有遇過這種被擠爆的經驗？

真發問選擇&正向回應的接話方式

「你最近有看哪部電影嗎？」是最NG的發問，因爲牛頭不對馬嘴，你問的跟剛才說的故事完全沒有關聯，會讓對方感到錯愕、不知道你要幹嘛（這種神秘感是負面的，簡單說容易被當怪咖）。

「你喜歡吃什麼類型的食物呢？」也不是很恰當，雖然在故事中有稍微提及吃東西，但關聯性仍然過小。若想問食物，那剛才故事應該就要聚焦在你吃的東西上。

後面C、D**「你也去過逢甲夜市嗎？」「你有沒有遇過這種被擠爆的經驗？」**與故事的關聯性高，可以任選一個做爲眞發問，製造互動機會。當對方給予正向答案（例如：有啊／滿喜歡逛的／上次去跨年也超多人）後，便可繼續用簡答式或開放式問題來邀請對方分享。

範例1：

我方：「你也去過逢甲夜市嗎？」

對方：「有啊。」

我方：「哈，應該沒像我一樣傻傻地過年去吧？」或是「那你覺得那邊什麼好吃？」

範例2：

我方：「你有沒有遇過這種被擠爆的經驗？」

對方：「上次去跨年也超多人。」

我方：「你在哪跨年？」或「哇，那是怎樣的情況？」

若你實在沒準備眞發問，拿前面的假發問來用也是可以（但不建議）。

我方：「你喜歡逛夜市嗎？」

對方：「滿喜歡逛的。」

我方：「那你覺得台灣最強的夜市是哪一個？」或「有推薦的嗎？」

記住，眞發問也適用上一節的問題組合技巧，你擁有**封閉**、**簡答**、**開放**三種問題類型作爲你的武器，不妨交替使用。看到這裡，你可能有個疑問：事情會這麼順利嗎？

“破解負向回應”

前段的範例是假設一切順利，對方給予正向答案，但現實中不會總是理想狀態，可能會遇到這類負向回應：「沒有」「不喜歡」「沒興趣」「沒聽過」。當下你心裡會吶喊著「我還是被句點了啊！」「瑪那熊誤我！」甚至打算到我的粉絲專頁抱怨。先別急，我來幫你搞定這個狀況。

面對負向回應，有三種策略：

1.平行擴大焦點

前面提到，眞發問與故事關聯性要高，但若對方給了負向答案，我們就得將原本問題焦點擴大，增加打中對方經驗的機率，換句話說就是降低問題與故事的關聯性，從一開始的八七%降爲五十%甚至更低。

我方：「你也去過逢甲夜市嗎？」

對方：「沒有。」

我方：**「聰明，沒有去人擠人。那你去過哪個夜市呢**？」↓焦點從逢甲夜市，擴大到全台夜市。

或：**「還好你沒去跟著擠。那你去過台中哪呢？」**→焦點從逢甲，擴大到台中。

已經逐漸邁向聊天老手的你，想必又突破盲點了：「那如果他還是說沒有怎麼辦？」很簡單，再度降低關聯性、擴大焦點！

我方：「還好你沒去跟著擠。那你去過台中哪呢？」

對方：「沒去過台中……」

我方：**「咦，台中好玩的很多哩，像我上次還跟朋友去東豐綠色隧道騎腳踏車。那你最近有去哪個縣市呢？」**→焦點從逢甲、台中到整個台灣

對方：「最近沒出去玩耶！」

我方：**「也是，最近天氣比較不好。那有計畫今年去哪玩嗎？」**→焦點從過去擴大到未來。

以上範例就是焦點的平行延伸，可以是地點（逢甲在台中，台中在台灣），也可以是時間（過去經驗、最近行程、未來計畫）。

2.垂直擴大焦點

另一種武器，是將焦點轉到較爲深入的話題，例如對方想法、感受。換句話說，我們改用開放式問句來進攻，讓對方可回覆的內容較爲自由。

我方：「聰明，沒有去人擠人。那你去過哪個夜市呢？」

對方：「不喜歡去夜市耶。」

我方：「**咦，為什麼哩**？」↓焦點從出遊經驗擴大的想法、習慣

對方：「就沒有特別愛小吃類的東西。」

我方：「**哈，我倒是很喜歡夜市食物，尤其是豬血糕，一定要配花生粉。那妳喜歡哪類的食物呢**？」↓因應對方的回應，焦點轉到美食

這兩種擴大焦點的技巧可以交替使用，來看以下另一個例子。

我方：（說完故事後）「妳呢？去過逢甲夜市嗎？」

對方：「沒有。」

我方：「**那最近有去哪玩呢**？」↓平行擴大焦點，從固定景點到任意地點。

對方：「沒出去耶。」

我方：**「咦，是太忙了嗎？像我去年因為轉換跑道，有陣子也幾乎沒出門。」**↓垂直擴大焦點到生活狀態。

對方：「嗯，也還好……」

我方：**「怎麼了嗎？」**↓垂直擴大到想法或心情。

這邊要提醒的是，上面那句「怎麼了嗎」帶有詢問對方隱私的意圖，也就是問得較爲深入。建議雙方需先有一些交情，或是前面的互動還不錯才使用，若是初次見面，且對方一直愛理不理，千萬不要越問越深，以免造成壓力。

3. 重新選擇焦點

那麼，若不熟的對象一直給予負向回應，怎麼辦？例如你在分享完故事後，先從「你呢？去過逢甲夜市嗎？」開始進行眞發問，被句點後擴大焦點爲「那最近有去哪玩呢？」「是太忙了嗎？」卻持續被打槍，對方都是又冷又乾的回你「沒有」兩字。就可以合理懷疑，對方對這個主題沒啥興趣，請回頭從剛才的故事裡，重新選擇另一個主題來開啓對話。

回到前面關於逢甲夜市的故事。故事裡除了「夜市」「人擠人」，還有「春節」「吃火鍋」可以設定爲主題，例如：

「總之，那年春節真的讓我印象深刻。妳們家都怎麼過年呢？」

或**「妳們今年過年有什麼計畫嗎？」**

或**「那次真的讓我嚇到，還好後來吃的火鍋很好吃。那家店的蝦子一整個新鮮彈牙……（分享另一個故事）妳該不會也是火鍋控吧？」**

4. 尊重對方的回應

重新選擇焦點後，若對方開始有正向回應，就代表你們已成功聊起來了。若還是給予負向回應，別忘了持續運用平行與垂直擴大嘗試。如果換了幾個話題，甚至試著跟對方互動已經好幾次，但他總用各種冷淡，像是「沒有」「還好」「沒興趣」來句點你怎麼辦？這時就可以合理推測，對方並不是很想跟你聊天，甚至可說，他對你沒什麼興趣與好奇，也沒有意願更靠近。但先別太快氣餒，也毋須生氣，還記得我們在第一堂談的嗎？關係的建立不是靠追求是用吸引，而吸引的精神在於彼此平等。對方當然有權利選擇不與我們互動，正如你也有同樣的權利。與其抱怨或討好，不如尊重對方，並持續提升自己。

要進行接下來的「眞假發問設計單」前，請先完成2-4實戰練習的【自己的故事】整理單（進階版），才能找出故事的主題，並依照主題設計問題。

註釋

① 「魔法風雲會」是一款源於美國的紙牌遊戲，由華盛頓大學教授設計，已有二十五年歷史，可說是紙牌遊戲的濫觴。專業的設計團隊每年都會固定發行新的卡片，充滿奇幻文學（精靈、龍、魔法等）元素。除了精美的插畫、嚴謹又富變化的玩法外，背後也會有詳細的故事架構，並舉辦多種不同層級的比賽。

實際演練：【假發問 & 真發問】設計單（範例）

<table>
<tr><td colspan="2">故事主題</td><td>大阪、聖誕節、出國、自助旅行、
黑門市場、有名的咖哩飯</td></tr>
<tr><td colspan="2">類型</td><td>問題</td></tr>
<tr><td colspan="2">假發問</td><td>你逛過日本的菜市場嗎？
你猜我去年聖誕節在哪過？
你去過大阪嗎？</td></tr>
<tr><td rowspan="4">真發問</td><td>初始問題</td><td>你也去過大阪嗎？
你該不會也愛吃咖哩吧？</td></tr>
<tr><td>平行擴大</td><td>有去過日本嗎？
去過哪個國家玩哩？
未來有打算去哪個國家玩嗎？
那你比較愛哪種料理？</td></tr>
<tr><td>垂直擴大</td><td>不愛旅行嗎？（習慣）
為什麼哩？（想法）
該不會你們假很少吧？（工作）</td></tr>
<tr><td>重新選擇</td><td>你聖誕節都怎麼過？
如果跟團與自助讓你選，比較喜歡哪一種？</td></tr>
</table>

實際演練：【假發問 & 真發問】設計單（練習）

<table>
<tr><td colspan="2">故事主題</td><td></td></tr>
<tr><td colspan="2">類型</td><td>問題</td></tr>
<tr><td colspan="2">假發問</td><td></td></tr>
<tr><td rowspan="4">真發問</td><td>初始問題</td><td></td></tr>
<tr><td>平行擴大</td><td></td></tr>
<tr><td>垂直擴大</td><td></td></tr>
<tr><td>重新選擇</td><td></td></tr>
</table>

3-4

問完了，然後呢？

第二堂讓你建立「說故事」技巧，本堂前三節又學到「問問題」方法，然而在互動中，有一項常被忽略，卻極爲重要的元素，唯有加上這一塊拼圖，才能完整與對方聊得自在並拉近關係。這個能力就是「聆聽」。當我們提出問題或運用QSQ，成功邀請對方分享他的故事後，必須開啓聆聽模式。比起說話，聆聽似乎是件容易得多的事情，對吧？事實卻是，很多人在這裡吃了虧，讓不錯的開場急轉直下，流失原本營造的好感。

“聚光燈別總是打在自己身上”

多年前參加朋友包場的生日聚會，在吧檯區與新朋友互動。那是我聊天能力明顯提升的初期，如同剛學會騎單車的孩子，恨不得一有機會就炫技。我從對方的閃亮髮飾開場，接著分享自己在營隊、畢業旅行的趣事後，也透過發問成功讓對方講她的故事。然而，我發現對方話越來越少，即使試著繼續分享並拋出相關提問，但「開高緩跌」戲碼卻重複出現。又過了十分鐘，這位穿著單件式洋裝的女生用禮貌語氣，表示想去找同行朋友，我感受到她明確的離開之意，於是結束了對話。

那晚我在床上翻來覆去輾轉難眠，滿腦子問號：「我哪邊做不好？故事太無趣嗎？聲音太平淡嗎？還是手勢不自然？」隔週，我和一位朋友 Nason 聚餐，邊吃披薩邊閒聊近況，自然也提到那場派對。Nason 在我描述過程中，偶爾穿插幾個小問題，他的話雖然不多，卻讓我越講越多，甚至分享自己的挫折情緒。

「我當時覺得越來越怪，雖然她還是會回應。」我說。

「嗯嗯，她怎麼回？」

「像是我分享小琉球浮潛，她還問我有沒有拍照，她想看。」

Nason 持續專心聽我說，並回了句：「聽起來還不錯哩？」

「對啊，我問她畢業旅行去哪，她也分享沖繩旅行的故事。」

「哇，她們畢旅去日本喔，不錯耶。」

「哈，而且是搭遊輪很享受！」我回想起當天內容，「她一講到沖繩，我就想起去日本自助旅行的計畫，然後跟她分享。」

「喔，沒聽你說過哩，你跟她說想去日本哪裡？」Nason 問。

「前陣子看了一本書，所以有這個想法。因為我覺得……」於是，我開始講自己的旅遊計畫，以及後來跟派對女孩的互動內容。

「Nason，情況就是我說的那樣了。你覺得為什麼對方不想聊下去？」我問。

當這個問題從嘴巴拋出去後，突然靈光一閃，發現一件很重要的事情，我「啊哈！」了一聲（就像是心理諮商所說的 insight）。

「Nason，太感謝你啦！」我拍了他肩膀。

「啊？我沒說什麼啊？」Nason 有些困惑地看著我。

“聆聽有時比說話更重要”

你是否找到關鍵了？對，就是因為 Nason 沒說什麼！他沒有急著給我意見，也沒有滔滔不絕地說自己的看法，更不是扯「我上次也遇過」或「我會這麼做」之類的東西。

他只是仔細聽我說話，加上一些簡短回應，如此而已。反觀我在派對上，問了問題、邀請對方分享後呢？我急著將聚光燈移回自己身上，而沒有真正在聽對方講話。

在我進入心理諮商研究所就讀，準備邁向心理師之路時，有個讓我難忘的經驗。那是碩一生首堂必修課，資歷豐富的老師在介紹課程架構後問大家：「你們覺得，讓諮商有效果的關鍵是什麼？」

「同理的技巧。」

「分析能力，並且能幫助個案覺察。」

「對學派及理論的精熟程度。」

「清楚的腦袋吧，才能即時反應個案說的東西。」

「自己情緒要夠穩定。」

大家輪流提出自己的看法，講了一輪後老師緩緩開口：「你們說的都對，這些都能幫助諮商產生效能。但我要請大家先練習一件事就好：**專心聽對方說話**。」這段話衝擊了我，在碩班的學習、實習及接受督導過程中，我越來越能體會「聆聽」的重要。**它能延續對話，也能拉近關係。**

「有效聆聽的基本原則」

然而，我們常自以為有在聽，但卻無效甚至反效果。到底該如何聆聽？

不要急著插話或再度提問

當你想表現自己，或是吸引對方注意，往往聽到部分內容就會打斷對方的分享，將發言權搶回來。這種做法會讓你前面的發問很沒有誠意，甚至讓人覺得「裝肖維」，「剛才不是問我休閒興趣嗎？怎麼都是你在講自己？」若你急著再次發問，也很容易打斷對方的故事，尤其若你原本的問題屬於開放式，對方的回覆內容會較豐富，貿然再插入問題可不是好主意。

別急著想下一步，避免焦慮阻斷你的腦袋

既然別急著打斷對方，那我聽就是了。但這時候千萬不是放空或發呆，更別焦慮等一下該如何回應。在督導新手心理師，或是幫學員進行聊天訓練時，常見到一種情況：我們聽著對方的內容，大腦卻在高速運轉思考：「糟糕，他等下講完，我該怎麼回

話？」「他好像快說完了，我該問什麼好？」這種焦慮，反而讓你無法聚焦於當下去找到線索來回應。

運用非語言展現「正在聽」的態度

我那位朋友 Nason 並非傳統的高富帥，身高跟我差不多一七一公分（在許多鄉民眼中，這已經是半殘了），外貌、經濟條件也就跟多數人一樣。然而，大學時期他的人緣很好，更別說曖昧對象或主動靠近的人還不少。剛結識時總納悶，到底有什麼神奇魔力可以吸引這麼多人喜歡他？還是他暗藏某些技巧，讓桃花不斷出現？多次互動後，我發現 Nason 的魅力之一，來自非常擅長「聽」。除了不會搶話、隨意打斷對方，許多微小動作會讓聊天的人感到舒服自在，覺得他很重視你所說的內容。那麼，該如何主動展現自己有在認真聆聽？

眼神對焦：聆聽時，看著互動對象的臉是最基本態度，這會讓人覺得你注意力集中、專心在聽。不論是閒聊寒暄或是公務上的諮詢、討論，我在聆聽與說話時都習慣望向對方眼睛，很神奇的是，這往往能讓他們產生好印象，樂於持續互動。若你對眼神互望感到扭捏不自在，可以讓目光在對方雙眼、眼眶、眉毛、鼻頭這塊區域緩慢移動，且盡量放鬆以免變成在瞪人。此外，平常生活中也可多加練習，包括去便利商店或餐廳買東西、點餐，嘗試看著對方吧！

身體前傾：在第二堂表達技巧部分，我們談到艾美·柯蒂的研究，並鼓勵你在說故事時將身體挺直，甚至打開胸口、肩膀稍微向後，以增加自信並營造自在大方的氛圍。當麥克風轉移至對方手中，你成爲聆聽者時，不妨試著換一種姿勢，**將上半身略微前傾，除了能聽得較清楚外，也讓對方感受到你的專心**。如同眼神不要太「用力」，前傾也別靠得太近（尤其雙方關係還不夠熟識時），才不會反而造成壓力。

表情跟隨：網路上有些文章，強調一種「鸚鵡」技巧，也就是當對方說了一句或一小段話後，我們重複最後一句。這技巧在實戰上是否好用？稍後會提到。這裡則是提醒你，**表情的重複**（我喜歡以「跟隨」稱之）也相當重要。想像一下，若你跟朋友談著開心的事情，對方卻嚴肅臭臉，你還會想講下去嗎？反之，當你說著自己告白慘遭打槍的沮喪，對方卻一臉輕鬆微笑，你心裡大概會OS，下次不會再找這個朋友談心事了。所以，聆聽時觀察對方臉部變化，並讓自己的表情與對方情緒呼應。

重複話語：那麼，該使用所謂的「鸚鵡學舌」嗎？剛開始學習心理諮商時，曾在教科書上看過這種技巧，鼓勵心理師重複個案的話，但這麼做需要隨時看情況調整，不能總是只重複最後一句，更要避免像錄音機般，使用完全一樣的詞句。但某些網路上流傳的文章，或一些接觸過心理學的講者，只提了前半段（重複句子），而漏掉後半部的關鍵：臨場調整。也因此，諮商圈流傳一個笑話：

某心理師學習了「鸚鵡學舌」技巧後，接了第一位個案。

個案：「老師，我昨天忍不住看了另一半的手機，發現他劈腿好久了！」

心理師：「妳發現他劈腿好久了。」

個案：「他怎麼可以這樣對我？」

心理師：「他怎麼可以這樣對妳。」

個案：「我真的又生氣又難過！」

心理師：「妳真的又生氣又難過。」

個案：「我不想活了！」

心理師：「妳不想活了。」

個案：「我準備從窗戶跳下去！」

心理師：「妳準備從窗戶跳下去。」

個案：「我要跳了！」

心理師：「妳要跳了。」

「碰！」

心理師：「碰！」

當然，這只是虛構笑話，現實中沒有心理師會傻坐在那邊，且晤談室會有安全防護措施。然而，這也在反映「不知變通」的危險性，以及對於互動的負面影響。日常聊天時，不斷重複對方最後一句話，很容易讓對方覺得古怪、不舒服，甚至以爲你刻意開他玩笑。那到底該如何回應呢？偶爾挑關鍵字即可，且不只是肯定句，亦可轉換爲問句，將語調稍微上揚，不需重複完整句子。這麼做有鼓勵對方多說一些的功效。例如：

對方：「上個月我吃了一家超推薦的西班牙餐館！」

我方：「西班牙餐館？」

對方：「對啊，在台北市區，而且沒什麼人知道這家店，算是挖到寶了。」

我方：「挖到寶？」

對方：「嗯嗯，因爲他們的料理很道地，跟我在西班牙吃到的很像。」

我方：「很道地。」

對方：「眞的，像是有一道……」

當然囉，也別讓你的回應只有關鍵字，這樣會讓對話難以持續，甚至產生詭異的感覺，你可以搭配提問或是分享一些個人經驗。

模仿字詞：不要當完全重複句子的鸚鵡，而是透過敏銳觀察，在對方分享故事時豎起雙耳，找出他習慣的「特殊用語」。人們在朋友、家人或某個領域的同好之間，會逐漸形成一些共通語言。這些特殊說話模式，與我們的背景、工作、生活以及人生觀形成連結，由此切入，就能讓對方產生熟悉感，認爲「你跟他是同一國的」。

例如在學術討論場合，我會使用「情緒」這個詞，因爲這對心理師來說很熟悉。但在演講或文章裡，我有時會替換成「心情」「感受」，這是大眾比較習慣的詞彙。某次前往嘉義演講的路上，刻意繞去號稱最美的民雄星巴克吃早餐，排隊時聽到後面女大生講電話：「我已經到星巴巴了啦，你們趕快來！今天買一送一！」我當下滿臉黑人問號，愣了一下才發現原來大學生是這麼稱呼星巴克的啊。

相同的詞彙能拉近距離，所以下次聽到對方說「北車」時，就別硬要講「台北車站」了。同理，IKEA到底要唸「以起亞」還是「哎起亞」，不妨留意互動對象怎麼發音吧。

簡短回應：爲了讓說話那方能確認我們正在專心聆聽，可以主動發出微訊號，包含語言與非語言。前者是簡單的「嗯嗯」「喔」（語氣上揚且拉長）「眞的嗎？」（音調拉高）「哇」「不錯啊」「滿特別的哩」之類字詞，依照對方故事內容搭配運用，且別忘了用聲音變化做出區隔。至於用「嗯哼」回應，雖然這是不少心理師的慣用語，但我覺得自己講出來挺不自然的，所以改以「嗯」或「嗯嗯」取代。這也告訴你，語言簡短回應沒有絕對，以你習慣的互動方式進行即可，只要不是完全沒聲音就好。

那非語言呢？很簡單，輕輕地點頭就能產生效果。但可以隨著對方的情緒與故事內容變化，若他說話時展現的情緒強度較大（不論開心或低落），我們的點頭可以放慢、動作較大一些；反之，若只是一般閒話家常，輕鬆自然點頭即可。

情緒小　　情緒大

簡單點頭即可　　點頭放慢&幅度加大

聆聽時，說故事的對方才是主角，我們處於被動狀態。然而，在被動中仍應運用以上幾個技巧及觀念來展現主動。記得以隱微、自然爲最高原則，免得不知不覺又把聚光燈搶過來了！

隨對方情緒起伏做回應

3-5

聽完了，接下來？

「我昨天參加大學同學會，吃得超飽，而且你知道嗎？有個好久沒聯絡的同學剛從柬埔寨回來。」Dolly 吃了一口奶酪後說著：「我大三時跟她都是系學會的，有一起合作過，當時就覺得她很有自己的想法。結果她上個月是去當國際志工耶，好特別喔！」

「嗯嗯」Colin 回應了一聲並將身子稍微前傾，示意對方繼續說。

「我也上網找了一些資訊，覺得很有趣，或許明年也可以來一場志工旅行。」隨著 Dolly 流露出興奮表情，Colin 的嘴角也跟著微微上揚，並回了一句：「不錯哩！」

「對啊，我對教育類型最有興趣，想把之前學的運用出來。」

Colin 微笑看著眼前的 Dolly，但心裡卻一點兒也笑不出來：「呃，她故事好像說到一個段落了，然後哩？我要回什麼啊？」

在上一節，我們談了如何在被動聆聽中展現主動，讓對方看見你的專注與重視。但接下來，該如何回應？你有兩樣武器可以運用：**問問題或是分享類似經驗**。事實上，聊天這檔事本來就是由「說」「問」「聽」三者構成並交替登場。在「你問他說」的情境中，聽完後可以再問，也可以選擇拿回麥克風，改由你說。然而，如同電動遊戲般，我們得先抽取元素才能煉成這兩種武器。

“抽取元素：聆聽時的另一樣功課”

當對方分享故事時，除了運用語言、非語言展現專心外，也需要聚焦，從故事裡抽取元素，才能持續回應。講白話就是「抓重點」。在QSQ技巧中，你的假發問、眞發問其實就是從準備分享的故事中抽取重要元素，然後轉化爲問題。聆聽時，則得從對方故事中找尋，好作爲等會「接話」的素材。

然而在實戰經驗中，對方故事太短，不知怎麼接；對方講得太多，又不知重點在哪裡。這是很多人在學習聊天初期常遇到的困擾：會說、會問，但無法製造太多互動，往往演變成以下這種對話：

我方：「嘿，上週末寒流你家那邊會冷嗎？」

對方：「會啊，三峽滿冷的！」

我方：「我住桃園也覺得超冷，完全不想出門所以每餐都吃火鍋，反正冰箱有什麼料就都丟進去煮。這種天氣吃鍋，光看熱騰騰的白煙就覺得被療癒了，而且麻吉燒那種爆漿口感超好吃！」

對方：「眞羨慕啊！」

我方：「妳也喜歡鍋類料理嗎？」

對方：「還不錯啊，喜歡吃羊肉爐之類，前陣子跟同事下班後去吃了間不錯的，肉質很好，而且皮很Q。」

我方：「喔不錯耶。」（想不到要怎麼接）

對方：「嗯嗯，對啊。」

我方：「嗯，那妳最近有計畫去哪玩嗎？」

以上例子，當我們想不到要接什麼話時，就會選擇開另一個話題。這樣的聊天雖然有互動，也相互分享故事，但卻讓聊天被切成一個個片段，顯得零碎散亂。爲了改善這種情況，我曾認眞去觀察、回顧那些「聊得開心」「聊起來很順」的互動過程，最後驗證了我的想法：**要讓互動有更好效果，必須讓話題的轉換自然**。也就是說，**要用延伸對話來取代另開話題**，才能營造出一場自在愉快的聊天，且在對方心中打入「我跟這個人聊得來」「想繼續跟他互動」的釘子。

要能順利接續對方的話、讓聊天成爲互動，就得在聆聽時抽取出元素。面對一句或一段話，該「聽」什麼？有四種元素，幫你拆解對話內容，找出重點。

基本元素：故事背景與資訊

如果你是聊天初學者，可以先從抽取故事資訊開始練習，也就是人事時地物。以上面範例來看，對方較爲豐富的回應有兩句：

「會啊，三峽滿冷的！」

「還不錯啊，喜歡吃羊肉爐之類，前陣子跟同事下班後去吃了間不錯的，肉質很好，而且皮很Q。」

我們可以抽取出「三峽」「同事」「下班後」「羊肉爐」「同事聚餐」。這些元素就可以接續發展問題，或是分享類似經驗了。

「三峽」（地點）→「是靠近北大特區嗎？」或「三峽我之前有去滿月圓爬山哩！」

「同事」（人物）→「聽起來你們同事感情不錯呢？」或「已羨慕，我同事因爲都有家室，下班後很難約。」

「下班後」（時間）→「你們下班後都會安排活動？」或「我下班後也滿喜歡找朋友吃飯聊天。」或「說到下班，我剛被朋友推坑加入健身房。」

「羊肉爐」（物品）→「哇，是哪家？」或「我也很愛羊肉爐哩，上次在台北吃到一家料很多的。」

「聚餐」（事情）→「妳該不會常當主揪吧？」或「我也是吃貨，但我比較喜歡薑母鴨。」

找尋亮點：最有印象的關鍵詞

除了從基本資料抽取，也可以依照個人主觀喜好、興趣，找故事中最有印象的部分接話。關鍵詞除了可用作簡短回應，鼓勵對方繼續說下去或擴展、加深內容外，也能發展爲句子，更加積極地讓雙方聊下去。

例如你是個愛吃肉的人，所以「肉質很好，而且皮很Q」快速吸引了你的注意力，那就抽取這句當作元素。

我方：「妳也喜歡鍋類料理嗎？」

對方：「還不錯啊，喜歡吃羊肉爐之類，前陣子跟同事下班後去吃了間不錯的，肉質很好，而且皮很Q。」

我方：「沒錯！羊肉要帶皮，整塊那種才好吃哩！看來妳也是老饕啊！」

然後可再發問：「這家店在哪呢？」「他們還有什麼好吃的？」「鍋類料理你都喜歡嗎？」等。或是透過分享延伸話題：「那我也推薦一家火鍋！」「妳知道OOO鍋物嗎？」「這家店很特別喔，我上次……」

開啓觀察：從情緒明顯處切入

依照自己主觀喜好選擇接話內容之外，也可以找「對方有興趣的主題」來互動。很多人對心理師的誤解是，擁有心電感應，可以看穿對方的心情想法，在互動中讓人覺得「你怎麼這麼瞭解我」。事實上，心理師並不是擁有讀心術的「都教授」，也沒有他心通的神奇技能，那我們**如何「說中」對方所想？關鍵就在於觀察力：針對非語言訊息的**

細微變化做出反應。

怎麼知道別人想聊什麼呢？注意對方說哪一段故事或關鍵字詞時，聲音較高、較大聲，或是表情、肢體動作較爲明顯，表示這是他最感興趣的主題，我們便針對這部分進一步發問、接話。若你乍聽之下覺得「怎麼可能？也太難了吧！」是非常正常的，當年我剛開始學習諮商時，也「感覺」不到對方想談什麼、在意什麼。一部分原因是，對話當下我們容易緊張，將聊天看成一場面試，似乎只要任何小地方表現不好，就會被對方打槍、拒絕，且代表我們很糟糕、弱爆了！這種過度推論，不但先讓你爲自己訂下難以達成的完美目標，接著又因爲自行腦補而容易焦慮、擔心。當你根本無法聚焦在互動時，自然也沒辦法好好觀察對方，而錯過許多非語言細節。

互動目的在透過輪流分享越來越瞭解彼此，應該是個愉快、輕鬆的過程。不需要討好哪個人，而是展現自己並認識對方，僅此而已。別忘了第一堂所說，用吸引取代追求！若你在聊天、約會時，發現又開始焦慮而無法專心，趕快提醒自己「這不是在考試」！

另一個難以「抓到」對方非語言變化的原因，是缺乏經驗。聊天互動能力比起先天影響，後天的學習與經驗值才是決勝關鍵。不妨在生活中，把握與人互動的機會，多去練習觀察他們吧！發現對方的聲音拉高、變大聲，或表情、動作較爲明顯時，嘗試從這裡切入，進一步詢問或分享類似故事，並將對方的回應當成一種評估，讓自己的觀察力越來越精準！

「思考模式的差異，決定你的互動力」

我還是個阿宅時，總是羨慕那些很會聊天、在社交場合成爲焦點的人，並困惑爲什麼自己容易冷場、被句點。多年來研究與經驗發現，「善於聊天」有三個主因：

其一，我們在第二堂已經談過，豐富的「生活經驗」才能讓你有源源不絕的故事與話題可聊。這部分就像是一位廚師可事先準備的食材，並進行調味、醃製，也就是你已經練習過的精煉故事技巧。

其二，則是非語言表達能力。如同廚師的料理技術，將準備好的食材在客人面前料理，讓故事精彩、營造輕鬆有趣氣氛，催化對方願意聆聽，進而看見你的優勢、特質，並產生興趣與好感。

如果只是單向分享，這兩種能力已經十分足夠。然而聊天不是演講，不能只是一個人自嗨或唱獨角戲，而是需要互動。要讓雙方有來有往、延續話題的第一步是在聆聽時專心找重點，然而抽取元素後能否快速想到「哏」來接話（不管是再發問或分享類似故事），涉及你大腦認知的介入。人們從視覺或聽覺吸收資訊後，會開始進行評估、思考、發想，然後找出解決之道或產生結論、行動。這個過程中，我們運用聚斂思考或發散思考兩種截然不同的模式，這也成爲聊天能力的第三關鍵。

聚斂思考

指的是我們對資訊（或者你抽取的元素）進行歸納、演繹、推理，以「合於邏輯或某種規則」的形式來思考。這是絕大多數台灣人的習慣，因爲我們從小受這樣的教育：科學、理性、有標準答案或公式。我們將抽取的材料層層過濾篩選，抱著打破砂鍋問到底的精神向下探索，越走越深。這種思考模式並非不好，事實上它對於學術研究、弄清事物脈絡、提升思辨能力都有很大幫助，用以協助我們解決生活、工作中各種疑難雜症。然而，若我們只有這套思考模式，加上逐漸被養出一套固定的評價系統（考高分是學霸、考上好學校是溫拿）後，思考會變得僵化，且總是在找一個「正確」的結果。

然而，我認爲聊天更需要發散思考的能力。這是指我們對資訊進行聯想、猜測，以

「未必合於舊有邏輯或規則」的形式腦力激盪，也就是向外連結、越跑越廣。這種思考方式多用於藝術、文學、設計範疇，產生更多創意與奇妙發想，雖然無法快速聚焦、找出正確解決策略，卻能發現不同的選項及可能性。換句話說，連結與聯想讓我們從一個元素找出其他相關元素，而成爲你聆聽完後要接話的哏。

例如我們聽到「羊肉爐」，腦中開始出現許多相關字詞或句子，且持續延伸：「冬季料理」「喜歡火鍋」「最愛的火鍋料是蛋餃」「曾在台中吃過一家很棒的」。而且這些延伸並非只有一條路，很可能想到「冬季料理」時，同時也浮現「薑母鴨也好吃」「米血」「夜市的花生粉豬血糕好吃」「覺得樂華夜市最好逛」「某某夜市超雷」「去年跟朋友逛過東大門夜市」「花蓮旅行」，又或者在「夜市的花生粉豬血糕好吃」那邊，同時又想到「香菜」「一定要加香菜的食物有哪些」「吃過某食物的經驗」。

若用一張圖來顯示，會發現這種發散思考乍看複雜交錯、亂七八糟，但其實仍蘊含著邏輯，只是這種邏輯並非科學上的理性推論，而是腦袋中諸多故事、記憶、情感的交互作用，提供你豐富 idea。下一堂會提到發散思考另一個效果，在這裡先聚焦在聊天這檔事上（很快就用回聚斂思考模式了）。

當你的聯想、連結能力提升，就能較快用抽取到的元素，進行再發問或分享相似經驗。雖然事先準備故事、問題並練習表達技巧，對聊天已經有很大的幫助，但如前述，若要進一步讓「話題的延伸與轉換」自然不著痕跡，且避免將聊天切割為許多刻意片段，臨場反應、接話能力就是必要的，而背後核心即為發散思考。因此，你應該理解為什麼許多人明明看起來很聰明，工作上也保持高效率，但聊天總是卡卡的吧？因為我們過度使用（或被訓練）聚斂思考模式，而忽略了發散思考。

練習解放想像力

好在，思考模式如同聊天能力，都是可以透過後天學習、刻意練習而具備。最基本的練習就是生活中別急著找「標準答案」和「完美解答」，才不會輕易掉進非黑即白的二元化陷阱。這裡也分享一個訓練發散思考的詞語接龍遊戲：

準備道具：影印練習表格一張（建議放大至A4大小）、報紙或雜誌一份。

隨便從報紙或雜誌挑一個詞彙，寫在詞彙第一格空白處，接著開始自由聯想。想到什麼詞彙就填入下一個空格，直到填滿整張紙或再也想不到為止。記住，字詞間的連結沒有標準答案或規則，只要你「想到」且能說出一個理由即可，進階練習可試著填上這個理由。

實際演練：發散思考練習～詞語接龍（範例）

詞彙	理由
手錶	
Seiko	曾經買過這牌子的錶送爸爸
生日	當年是當作生日禮物送出的
蛋糕	我自己生日不太吃蛋糕
芋頭	小時候的蛋糕通常都有芋頭餡，整個不喜歡
九份	但滿喜歡吃芋圓的，尤其是在九份邊觀景邊享用
基隆	兩年前與朋友們有過九份加基隆的小旅行
遊輪	國中時跟家人一起去參觀停在基隆港的遊輪
賞鯨	曾搭賞鯨船出海，結果吐得很慘
蘭嶼	另一個搭船經驗是三年前去蘭嶼放空

實際演練：發散思考練習～詞語接龍（練習）

詞彙	理由

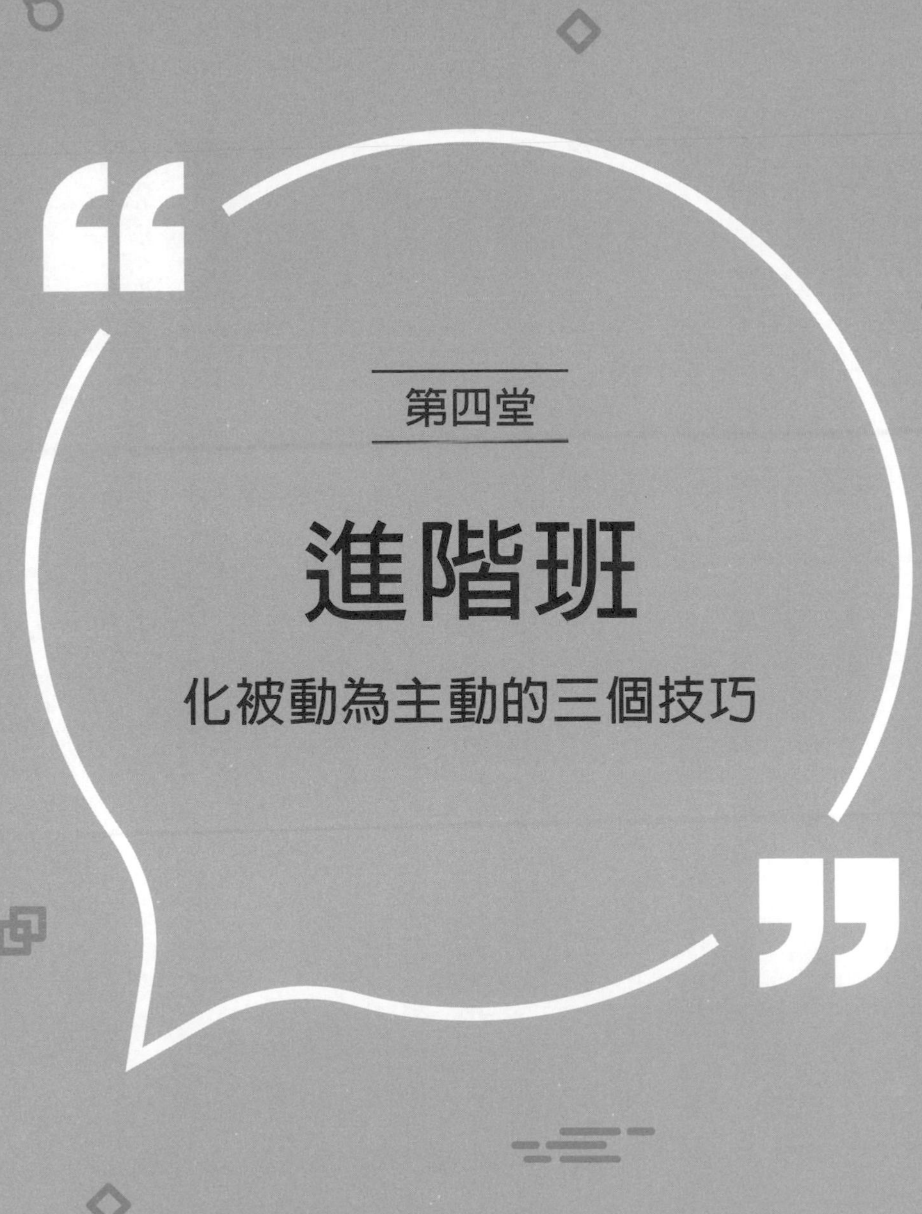

第四堂

進階班

化被動為主動的三個技巧

4-1
該繼續說下去嗎？運用友好指標決定下一步

學完聊天初級、中級班後，我們目標不只是聊得來而已，還要進一步吸引對方。本堂將持續幫你獲取三個進階能力，讓對方越來越喜歡跟你互動，同時累積更多好感。但是在正式學習三項技能前，你需要先知道如何判斷出的「招」有無效果，才能決定該乘勝追擊，還是調整方向。

評估關係及對方感覺，對於互動聊天非常重要，讓我們避免以下狀況：明明對方已經透露不耐煩，你還滔滔不絕說著同一個故事。或是人家對你的問題感到尷尬不想多談，你還打破砂鍋問到底。又例如當你稱讚對方或表現幽默時，他根本不認同、覺得無趣，你卻自以為效果好而火力全開。這些情況都會讓氣氛尷尬、對話卡關，甚至被默默蓋上「白目」烙印。該怎麼判斷對方的回應是好是壞？

“判斷關係的線索：友好指標”

聊天時，不管是分享故事、發問，甚至是稍後要介紹的肯定、幽默、安慰技巧，都需要透過友好指標，來評估該繼續加深力道，還是退一步讓互動稍微降溫。在聆聽那一節，我們談了觀察力的重要，並列舉一些線索，例如對方在說某段故事、關鍵字詞時，若出現音調拉高、音量放大，或表情動作較明顯的變化時，很可能就是他有興趣的主題，我們可切入並繼續發問、接話。那麼，當我們說話時，又有哪些線索代表對方想聽，或是願意接住你的球呢？

非語言友好指標：觀察對方的細微變化

最容易發現的指標，就是對方的眼神有無在你臉上。當你說出一段故事時，對方是專心看著你，還是兩眼無神、放空，甚至東張西望呢？其次，他的表情是放鬆、微笑、有精神，還是嚴肅、雙唇緊閉，甚至微微皺眉、打哈欠？當然，有些人天生臉就是比較「臭」，所以記得觀察前後變化：當你說話或肯定對方時，他的表情是越來越緊繃，還是逐漸緩和？嘴角的上揚、敞開是明顯的友好指標，代表心情處於放鬆狀態。若對方因你的話語而出現笑容，那自然是更棒的回應。

除了臉部變化，肢體位移是另一觀察重點。

在咖啡廳的聯誼聚會，主持人將成員們三位一組隨機分桌，鼓勵大家分享最有印象的旅遊經驗。Clark 是這桌唯一男生，簡單介紹自己後，開始聊旅遊：「其實我沒有出國旅行的經驗，比較喜歡跟幾個哥兒們去登山、縱走，還有野營。前陣子才剛去過南湖大山，那次我看到了……」

Clark 說到一半，左前方的 Irene 往後坐滿整張椅子，上半身也隨之微微後仰；右前方的 Joan 則是不自覺往前傾，好讓自己能聽得更清楚。

在沒有其他資訊下，我們如何解讀 Irene 與 Joan 的細微變化？Irene 的動作透露了她對 Clark 戶外旅遊話題較缺乏興趣，也許她喜歡室內活動，或是走城市旅遊路線，不喜歡爬山、露營這種 outdoor 風格。而 Joan 呢？她身體往前，拉近距離的動作，則展現了友好指標。可能她也喜歡大自然，或對這類活動感興趣。若再問，誰比較想繼續聽下去或進一步認識 Clark，以現有資訊來看，無疑是 Joan。

簡單來說，**雙方肢體的物理距離，是用來測量心理距離的一項指標**。我們通常跟不熟悉或不感興趣的人保持較遠的距離，反之則拉近。但不是要你隨身帶卷尺丈量雙方距離，事實上也很難有通用的絕對值，相距幾公分代表對方當你是熟人，幾公尺代表你們不熟。我們用的是「相對距離」，意即互動過程中，對方是否刻意（或不自覺）藉由肢體的移動而拉開／拉近雙方距離。這也再次顯示觀察力的重要，建議把握日常與人聊天機會，多多磨練觀察敏銳度。若個性比較害羞，不敢直接在互動中練習，那麼看電影、追劇、欣賞舞台劇，也是提升人際觀察的好方法。

與人互動，也可以主動拉近距離，再觀察對方反應，以評估雙方關係（看對方有沒有把距離拉開）。但要留意的是，這種測試有個原則：對方退，你就別急著再靠近；對方接受你靠近，才可以再進行測試。留意對方反應，並當成下一步的參考，才不會被當成怪人，搞得氣氛尷尬。

語言友好指標：留意他說／回應／問了什麼

除了從對方眼神、表情與肢體蒐集線索，談話內容亦是重要指標。在互動過程，對方主動分享或回覆問題時越講越多，且內容涉及隱私，通常代表對你有較多信任感，心理距離比較近。那麼，怎樣的內容才算隱私？例如家人，但並非告訴你幾個兄弟姊妹那種，而是與家人的互動情形，或是童年往事。例如：

「其實我跟爸媽不太常見到面，因爲是自己在外租屋。」

「我跟弟弟感情滿好的啊，上次才一起約去石梯坪露營呢！」

「哈，我跟姊姊可是從小就開始比較，像有一次她生日蛋糕比較大塊，我直接哭出來耶！你說扯不扯？」

負面經驗則是另一指標，多數人只會讓信任的朋友看見自己傷口（在心理諮商中，雖然是句看似毫無瓜葛的心理師訴苦，但心理師其實不斷在晤談中努力取得個案信任，讓你越講越多）。因此，若互動/約會對象透露了自己的糗事、慘況，也顯示關係靠近。例如：

「我去年過得滿糟，因爲遇到一位很誇張的主管。」

「別看我現在這樣，我國小時其實被同學欺負得很慘哩！」

「上次去日本旅行，你知道發生什麼事嗎？我護照竟然掉了！」

當對方提及負面經驗時，代表兩人關係更近的機率提高，但同時你的回應也很重要，本堂課後面會詳細解說。

還有一項友好指標是負面經驗的延伸：過去戀情。尤其是對方主動分享，若剛認識就直接詢問人家戀愛史，其實已經暴露了你的意圖（或是被誤會）。除了用主題來搜尋友好指標，對方表達的內容中如果有較多情緒、感受、想法、價值觀元素，也都代表關係正在拉近。

最後，對方若還會拋問題給你，也可視爲友好指標，代表感興趣、想更認識你。因此，當分享一個故事後，記得觀察他有沒有發問，或針對你的回答繼續追問。當然囉，有些高手會在故事中刻意埋哏，不把話一次說完。看似被動等人發問，其實是主動製造好奇，促使對方想更瞭解眼前的人。但如果賣關子，對方卻不買單、沒有發問怎麼辦？雖然未能達到誘發好奇之目的，但也能從中觀察是否出現友好指標，仍然划算。別忘了我們在上一堂課的開頭談過，聊天可不是演講，穿插問題、製造互動才能讓氣氛輕鬆自在！

從對方反應評估友好與負向指標

對方的狀態	友好指標	負向指標
眼神	聚焦在你臉上 有精神	四處飄移 疲倦
表情	輕鬆 嘴角上揚或微笑	嚴肅 嘴唇下沉或緊閉
肢體	上半身前傾 逐漸靠近	上半身後仰 保持距離
分享內容	家人、往事、 負面經驗、 過去戀情、 情緒、想法	一直停留在別人、朋友的故事，即使自己的故事也僅提日常生活
問題內容	主動問你	幾乎不發問

從肢體位移看出友好指標

Irene
往後坐滿了整張椅子，
上半身也隨之微微後仰。
對戶外旅遊話題缺乏興趣。

也許不喜歡爬山、露營這種 outdoor 風格。

Joan
不自覺往前傾，
好讓自己聽得更清楚。
可能本身也喜歡接觸大自然。

**對這類活動感興趣
進一步認識的機率較高**

4-2 關係中的甜點：肯定與讚美

「早啊！」

「早。」Timmy淡淡地回應新同事Dora的招呼，走進會議室。兩人共事已經一個月，他不懂爲何這個小女生很快就受到同事們歡迎。無論辦公室或餐廳，總能見到Dora跟大家有說有笑的場景；開會討論時，大家對她的意見也頗爲支持。這些讓Timmy不只困惑，還有些吃味，畢竟自己可是已經待了兩年多的前輩。

「學長，你剛才提的活動規畫感覺不錯耶。」會議結束後，Dora笑著對Timmy說道。

「有嗎？」Timmy提高戒心，想看看這傢伙想幹嘛。

「有啊，學長對我們目標客群好像滿瞭解的，他們應該會有興趣喔！」

「嗯，之前活動會讓他們填問卷啊，再整理數據。」Timmy 說著自己的工作經驗。

「原來如此，而且你下一季要辦的城市盲旅，結合輕旅行跟冒險成分，有實境解謎味道，我覺得會很好玩。」Dora 認眞說著。

「喔，還好啦。」Timmy 雖然不置可否，但臉上出現了靦腆的笑容。

「怎麼想到這個 idea 的呀？」Dora 繼續發問。

「呃，因爲我滿喜歡玩桌遊、解謎之類的。」

「哈，那你頭腦應該滿好的齁，難怪規畫出這個活動。」

「呵，沒有啦。」Timmy 臉上仍掛著微笑，心情從開會的緊張壓力轉爲輕鬆愉快。在走回自己辦公桌後他驚覺，誒，剛才是怎麼回事？怎麼會有一刹那，腦海閃現「這小女生人不錯嘛」，甚至「想再跟她多聊聊」的念頭？

你是否在求學歷程或職場上，也遇過類似 Dora 這樣的人？他們未必口若懸河，也沒有數不清的厲害故事，但與他們聊天時覺得舒服自在，心情不知怎的越來越好。更重要的是，你會更喜歡自己。他們怎麼辦到的？關鍵在於讚美與肯定的功夫。

“初層次技能：肯定”

讚美與肯定很容易混爲一談，但我認爲兩者內涵與使用時機皆不相同。我將肯定歸類爲「初層次回應」，讚美則是「高層次回應」，但請留意，這裡所謂初層次／高層次並非優劣好壞，而是指「力道深淺」。在關係還不夠靠近，或對話剛展開時，建議使用較多初層次回應；當雙方熟識，或已經先用過肯定後，再轉爲力道強的讚美。這就像享用一塊草莓巧克力慕斯時，我們先從味道較清淡的草莓開始，再享受更甜的巧克力慕斯本體，才會覺得順口。

肯定，就是當我們對別人的行爲、選擇、物品、觀念或特質感到認同、贊成或喜歡時，用語言及非語言表達出來。它的特色是「**輕薄短小**」：

輕：音調變化輕，甚至跟平常說話的聲音沒什麼兩樣。上面故事中，Dora 對 Timmy 的第一句話是「剛才提的活動規畫感覺不錯耶。」她的說話聲音沒有刻意加強或拉高太多，只是一般的說話語氣。

薄：詞彙程度薄，甚至偏向中性、模糊，意即比較概括性的描述。「感覺不錯」「聽起來滿有趣的」「挺特別」，而非「眞的超級厲害」「太了不起了」「沒人能辦得到」。

短：句子不要長，甚至只需要一句、一個詞即可。例如「這條圍巾搭得滿好看的」「哎唷不錯誒」，而非寫作文歌功頌德。

小：動作盡量小，不需要拍肩、比讚、握手之類的大動作。還記得上一堂課提到，聆聽對方說話時可以「點頭」回應嗎？這種微微地點頭，就是最淺最基本的肯定。

綜合以上原則，肯定不需要太複雜、明顯，只要讓對方覺得「這個人認同」「他也認為不錯」即可。所以點個頭，或是「哇」「滿不錯哩」之類回應，就能傳達出我們的肯定了。

高層次技能：讚美

當我們的肯定產生效果，就可以開始增加讚美的比重。問題來了，要怎麼知道對方收下肯定呢？這時就得運用上一節的友好指標。上面範例中，你會發現 Timmy 的語言內容開始增加（讓顧客填問卷、整理數據，以及提到自己喜歡玩桌遊、解謎），同時非語言訊息也展現友好指標（表情放鬆、微笑）。

讚美與肯定差別在哪呢？相較於輕薄短小，讚美則需要「具大長久」：

具體：肯定是用簡單、概括性詞彙，但讚美可就要清楚明確，具體說出你認爲對方「好」在哪裡。這麼做的用意是，讓被讚美的人感受到，你經由仔細觀察，才表達出認可與敬佩，而不是隨便扯兩句場面話。例如範例中Dora認爲Timmy的提案「結合輕旅行跟冒險成分，有實境解謎的味道」所以覺得很棒，就是「具體」。又例如：「我覺得妳今天穿得很好看，因爲顏色很協調，而且還搭了支亮眼的手錶。」「妳很細心呢，竟然記得我只要半糖就好。」簡單來說，**讚美的基本句型就是「肯定＋原因」**。

大方：既然要讚美，就大方自然表達出來，讓對方看見他的優點可是好事一件，何必畏畏縮縮呢？通常會猶豫，是因還沒有找到眞正讓你心悅誠服的地方，所以擔心對方認爲你嘴砲、客套。若有這種狀況，就別急著讚美，不如先簡單肯定即可，並透過發問讓對方多分享，從中找到值得稱許的東西再讚美。也就是說，**「眞誠」是最重要的先決條件**，才能大方自然給出讚美。

拉長：肯定的句子很短，甚至僅有詞彙，但讚美的句子可就得拉長了，畢竟需要具體詳細。此外，讚美不要只有一句話，而是將它拉長爲一段對話。回頭看Dora的讚美，除了具體描述原因（結合旅行與實境遊戲），還用了開放式問句：「怎麼想到這idea的呀？」且在對方回應後，持續表達自己的敬佩：「那你頭腦應該滿好的喲，難怪規畫出這個活動。」來回應 Timmy。

持久：對於給過的讚美，自己要記得久，往後互動若有相似情境，可再次運用，或提出來加強新的肯定／讚美力道。這才會讓對方覺得，你是眞的看見且認爲他有這個優點，而不是一時興起客套瞎掰。例如：**「你這次的提案也不錯哩，認真整理數據真的有用！」**或是**「你真的很懂吃耶，上次找的那家牛排店也很棒。」**

綜合以上原則，讚美需要花點心思，從對方的話語、行爲中發現值得一提之處。好的讚美來自於觀察能力，若能找到對方較爲內隱的特質、較少被注意的細節，會在他心中留下更深刻印象。舉例來說，與公司同事共同出席聚會，對方打扮後的模樣跟平常截然不同，我們想要表達自己的欣賞。

「好正喔！」這是最表層的肯定，很多人會在這邊就結束。在用肯定（淺、短）試水溫，對方有收下後（觀察友好指標），記得打開觀察眼，看看對方到底「正」在哪裡，並進一步給讚美（具體、長）。例如**「妳的眼妝很自然，讓妳膚色更白皙哩！」**或**「這件洋裝跟妳很搭，氣質整個優雅啊！」**以及「妳今天很用心裝扮，有讓人驚豔的感覺呢！」，用具體清晰描述**「讓她看見你的看見」**。接著再運用之前學的三種問題來延伸對話，例如「該不會畫了很久吧？」「哪裡買的？」「怎麼想到這樣搭哩？」

有些書籍或文章，會認爲稱讚別人時聚焦在「人」比「事物」還有效果。例如當你看見對方面臨突發狀況，卻隨機應變運用一個策略解決危機，想給予肯定／讚美時，與其說「你想的這個方法很不錯」，不如講**「你能想到這個方法真的很不簡單」**。就我的看法，稱讚的主軸是「人」或「事物」並不需要過於拘泥，重點是將他們彈性組合。所以，你可使用以下三種讚美形式：

先事再人

將「事物」點出來給予讚美，若對方收下了，再進一步說出對「人」的欽佩。也就是先提及事物，對方接受，再聚焦於人。這是比較循序漸進的安全牌。例如：**「這方法很不錯哩！」「你能這麼快想到真的厲害！」「反應超快的誒！」**

事物＋人

先講某事或某物好在哪裡，再連結到對方如何辦到或具有什麼特質。例如：**「這支錶好看耶，我覺得你挑東西的品味還真不賴。」**

人＋事物

直接說對方有什麼特質，再用事物當作支持證據。例如：**「我覺得妳眼光滿不錯的，像妳這條圍巾的質感很好，款式也有特色。」**

讚美與巴結的差別在於真誠

肯定／讚美能讓對方更想與你互動，主因是認為你用心在互動，並且發現他的行為及特質。更重要的是，你很可能幫助對方看見他原本沒注意、未能覺察的優點，而增加自信並激發正向情緒。換位思考，若今天我們有這樣的朋友／約會對象，想必會喜歡與他聊天，讓關係越來越靠近。

然而，在使用肯定與讚美時，也必須留意避免成為馬屁精。兩者最大差異在於是否眞誠一致，這也決定了對方眞的想跟你更靠近，還是表面接受但私下提防。**眞誠指的是我們的確觀察到對方優點，且打從心底認同，甚至覺得敬佩，**才表達肯定或讚美。

一致則是眞誠的延伸，我們的稱讚不會在短時間或因不同對象而矛盾，更不能人前人後兩個樣，表面三句話不離「你好棒喔」「這麼努力很厲害」「眞是太辛苦了」，但轉過身卻是大翻白眼，甚至在他背後批評抱怨，這種雙面人遲早露餡，對於關係有極大的破壞力。

因此在給予稱讚時，一定要留意力道的拿捏。在「質」的部分，概括性肯定後盡量明確具體、精準讚美，如果一直打迷糊仗「很棒」「很不錯」「了不起，負責」，很容易就給人不眞誠的負面感受。其次在「量」的層面，剛認識尚不熟悉時，過多的肯定讚美會讓人覺得你很油，被貼上social咖標籤。幾年前我參加一場聚會，朋友介紹一位合作夥伴讓彼此認識，我才剛講完名字與工作，這位老兄就放大音量說著：「喔，原來是瑪那熊啊，您是很有名的部落客啊，我很常看您的文章呢！久仰久仰！」我當下也禮貌地道謝、寒暄，雖然小開心但其實也有些尷尬。那時我才剛成爲部落客，文章也沒幾篇，但對方的馬屁卻拍得過於浮誇，反而讓我滿臉黑人問號啊！

最後，與人聊天時未必只能稱讚對方，表達出對別人的肯定讚美（不論此人在不在場），也能製造好印象，讓互動對象看見，我們善於發掘、懂得欣賞別人優點，「他感覺滿好相處的」「他不太會批評或嫉妒」「他說不定也會跟別人稱讚我」，都可能是對方會產生的正向猜測。

4-3 關係中的熱咖啡：安慰技巧

「唉，最近心情好糟！」在一家鄉村風的咖啡廳，綁著馬尾的 Ruby 說道：「部門新主管根本高壓統治，一直噹我們。」

「我跟妳說，這種事很常有，沒什麼大不了，新官上任總要下個馬威！」Ross 擺出一副前輩姿態，想展現自己的社會歷練。Ruby 皺了一下眉頭：「可是她眞的太誇張，什麼都要管，搞得辦公室氣氛超差……」不等她講完，Ross 搶著「鼓勵」：「妳就把事情做好別想太多，留好印象給主管絕對利大於弊。我也是這樣過來的，想當初……」Ross 顯然沒觀察對方的表情，也未能評估是否出現友好指標，就不斷高談闊論大道理，還猛提自己當年勇。這讓 Ruby 懶得再多說，心裡忍不住翻白眼抱怨：你到底說完了沒有？

這種場景也許你也遇過，聊天過程對方開始訴苦，你試著安慰、鼓勵或幫她想解決之道，得到回應卻是平淡的「謝謝」兩字。當隨著分享故事、發問、積極聆聽、延伸話題以及肯定讚美，關係不斷拉近，並建立信任與好感後，人們可能開始嘗試向對方分享更深的話題：例如生活煩惱、工作不順、人際衝突、生涯兩難，甚至過去的情傷。爲何如此？這回到了第一堂提到的關係本質：**依戀**。我們喜歡**被陪伴**，尤其若將對方視爲「考慮長期交往的對象」時，更會期待有好的陪伴品質。

然而，當朋友或約會對象抱怨、訴苦、談心事時，往往讓我們慌了手腳不知如何應對。爲什麼會這樣？在我們的文化與教育中，情緒是較少被觸及的一塊。特別對男人來說，情緒還可能被當成可怕怪獸，難過、悲傷、挫折的心情萬萬不可出現在自己身上。男人若被發現掉淚，絕非得到「不哭不哭眼淚是珍珠」這種溫和拍拍，而是「男孩子哭什麼哭！要勇敢！」「拜託這樣就哭，很娘耶」「哭屁啊，酒先乾了啦！」這些經驗讓我們在逃避負面情緒的同時，沒有機會培養安慰別人的能力，想幫忙卻用錯方法，也是滿無辜啊。既然「陪伴」是人們在關係中想尋找的元素，我們就得學習如何在對方訴苦時，用合適回應幫助他，以及更重要的……讓關係進一步更深入。

“讓你踩到地雷的三種NG安慰句”

在幾場愛情講座中，我曾詢問台下男女成員心情不好時，最討厭聽到的安慰句子，並進行後續研究。當對方找你談心傾訴時，以下三種安慰句，傳到對方耳裡其實是另一句刺耳的話：

「別想太多」＝「你的感受不重要」

從講座調查、身旁友人以及諮詢經驗來看，這句話無疑榮登NG第一名。對方就是很在意所以才找你訴苦，並期待有個人能懂他的心情，當你說「別想太多」就像是拿了桶冷水（還含碎冰），從他頭頂猛然澆下，讓他覺得你其實是在說「你的感受不重要」。原本已經夠冷的心情，因爲你「不重視」而直接結凍，連帶讓關係也快速降溫。

「我當初也是……」＝「你遇到的沒什麼」

也許你打算透過分享自己悲慘經驗，讓對方覺得舒坦些（團體諮商的確有個技巧叫「普同感」，但勸你別急著用）；又或許你想展現克服難關、披荊斬棘的英勇模樣，來讓對方覺得好棒棒。但太快打斷對方，開始講自己的long story往往令訴苦的人傻眼：「所以現在是換你講古嗎？」更糟的是，「我當初也這樣」傳進聽者耳裡容易變成「其實你的遭遇沒啥特別，我也有過」。皆同於「給某某一根軟釘子」，中斷他繼續敘說故事與心情，安慰效果反而不佳。

「你應該這麼做……」＝「你就是不夠好」

許多人被訓練成別碰情緒，習慣用理性來處理對方的苦水，最常見的不外乎這四招：**講道理**、**評是非**、**裝成熟**、**給意見**，想盡快幫對方解決問題。這容易讓訴苦的人覺得「明明還不清楚就自以爲是」「所以都是我沒做好囉」。不但無法接納你努力想出來的建議，心情還可能更差！找解決方法並非不重要，但當人們受到挫折、委屈，處於負面情緒時，會希望先得到關心、包容與鼓勵；**「情緒宣洩」永遠優先於「事件解決」或「檢討對錯」**！

“在對方中心占有一席之地的卡位技巧”

聽到訴苦到底該怎麼辦？有些把妹文章從演化觀點切入，強調男人就是要man、要霸氣，遇到對方心情不好應該就事論事，或乾脆用說笑話、耍寶等方式分散注意力。因此我們看到有些男人雖然工作能力強、在職場呼風喚雨，或者幽默風趣，總能逗女伴笑得耍耍的，但面對別人訴苦抱怨，他們不論是急著分析、提出策略，或是扯開話題、賣力搞笑，都無法搔到癢處，甚至讓對方心情更差，丟下一句「你根本不懂我！」而離開。

其實，**不去接對方的負面情緒，對發展長期、穩定的人際/愛情關係是個硬傷**。依戀理論告訴我們，人們將另一半視爲生活與心靈避風港，期待得到支持與關心，若你無法讓對方安心依靠，關係必然受到影響，難以持續吸引。相反地，暖男的某些特質與能力（如同理、安慰、傾聽），卻能在此時發揮更好效果。所以啦，暖男在情場其實並不吃虧，前提是你能分清楚暖男跟工具人有何不同（請再回第一堂複習吸引與追求差異）。

上一節的肯定/讚美，彷彿關係裡的甜點；有效的安慰技巧，則是濕冷雨天的熱咖啡（不喝咖啡請自行代換成熱可可或茶）。以下三種行動，除了能安慰對方，還能製造關係加溫的正向因子。

專心聆聽＝我很在意你

現代人因爲工作與生活步調匆忙，互動時常急著搶話或提出建議，別人話才說一半就被打斷。你爲什麼要這麼急呢？先好好聽對方說話吧！專心聆聽會讓他覺得你在乎、關心，尚未開口就先得到好感分數，何樂而不爲？雖然我們習慣講求效率，但從容不迫更具紳士風範，何況先瞭解事件全貌，才能給出精準意見。

除了讓自己放慢回話速度，該如何展現你的專心？前面已經提過許多，再次提醒眼神的重要：務必在對方說話時看著他的臉（放下手機、平板，或將視線從電視移開）。另外也可以將身體前傾靠近，並穿插「嗯」或點頭等簡單回應，以及活用先前學過的三種發問技巧，鼓勵對方繼續說完，讓情緒得到宣洩。

安慰情緒＝我跟你同一陣線

當聽了一段落，弄懂事情的脈絡狀況後，許多人早就等不及要發表高論、拯救對方（請小心別掉入討好的陷阱）。然而，「情緒優先」是溝通高手、情場老手常用卻不說的秘密。請記得，解決困擾攻心爲上。**避免提出建議卻被當成幹話的關鍵，就是當對方想討拍時，別急著講道理、談策略！**先以同理的角度回應，甚至偶爾附和，讓對方覺得「你跟我是一國的」「你站在我這邊」，更願意與你分享，並拉近距離。

用同理技巧接住對方壞心情，是心理師擅長的方法，但其實你也可以運用同理來處理別人的負面情緒。來看以下範例：

對方：「那個同事眞的很神經，一直跟別人講我壞話，好煩！」

我方：「這樣感覺應該滿不舒服吧？」

對方：「對啊對啊，看到她就有氣。」

我方：「嗯嗯，這種人眞的很有事。」

當對方訴說生活或職場慘事時，可留意是否有「情緒關鍵字」可以運用。還記得在「開啓觀察：從情緒明顯處切入」提到的技巧嗎？除了聊正向故事時可以從情緒切入，當對方傾訴負面經驗時，情緒也是很好的接話方向。如範例用「換句話說」或「找相似詞」來同理、附和，讓她覺得兩人處在同一陣線，給予心理上的支持。當然，肢體接觸也是可行技巧，但記得點到爲止，且得考量雙方目前的關係。（別忘了善用友好指標來判斷。）

提出建議＝我能讓你依靠

「但是，光討拍又不能解決問題！」這是多數人對於以上兩招存有的疑惑。我們當然也要就事論事，給出實質建議，但除非對方特別要求，否則請先聆聽、同理後才開始運用理性。若你成功運用同理接住對方心情，他的情緒通常會開始緩和，這時便進入最後階段：就自己的經驗或知識，思考可行策略，一方面協助處理問題，另方面也讓對方看見你的能力、歷練與成熟。不過，建議必須具體可行，才不會淪爲幹話。

上面的範例是對方被同事欺負，我們可以循序提出：「那妳在辦公室有比較熟的同事嗎？」「跟她們打好關係，或許有幫助」「放假時約吃飯、看個電影如何？」「像我知道最近有間新開的 Brunch 滿不錯的。」

若對方的困擾難以立即解決，也別太擔心。從小地方開始嘗試改變，別一下就好高騖遠，做什麼轟轟烈烈的革命。畫大餅容易讓人覺得眼高手低，還可能因失敗而產生更大的挫折，如此一來就有接不完的苦水了（遇到較不理性的，還可能遷怒於你）。給建議宜用「分享」「讓你參考」的態度，而非「灌輸想法」「聽我的就對了」這類強勢命令，前者就像可以讓你依靠的人生導師，後者通常不會讓對方聯想到帥氣總裁，而是某位討人厭的霸道老師！

還有一個關鍵是，給予建議時結合肯定讚美技巧，找出他做得不錯之處，或值得誇獎的態度，清楚表達出來。切記，**不要像跳針般一直講「你很努力了」「你已經很棒了」**，這跟心靈雞湯幹話有八七%的相似度啊！

總結來說，當互動/約會對象難過訴苦，或氣噗噗抱怨時，別害怕去接這個球。因爲這代表他對你有一定程度的信任與好感，才會將自己的另一面表露出來，此刻你的安慰，是讓雙方更靠近的絕佳機會。該如何將這杯熱咖啡沖得順口？務必遵循「**先拍拍，後解決**」六字箴言，安撫情緒、表現同盟態度，再共同發想或給予建議，直擊對方遇到的困擾。

“安慰對方，會不會變成心情垃圾桶？”

在談安慰技巧時，一定會有人拋出這個擔心：如果一直讓對方倒苦水、我又不斷安慰他，即使變熟了也只會被當成 buddy 或姊妹啊？如果我想吸引對方成爲情侶，是否會陷入「朋友區」甚至成爲「工具人」嗎？這個顧慮其實非常合理。

小綸找我諮詢時，正卡在這個僵局中。他個性溫和，人緣一直很好，常被主管指派負責新人教育。兩個月前，他帶到小四歲的新同事 Anita，很快對這位活潑女孩有好感。

「剛開始雖然在公司會聊到，但一直沒什麼進展。」小綸說：「上個月我看她臉色不太好，傳 Line 問她怎麼了，她跟我吐了很多工作上的苦水。」

小綸原本就很習慣傾聽別人心事，Anita 很自然越說越多，心情也有好轉。

「聽到這邊都還 OK，後來呢？」我問。

「她開始主動找我，甚至還約我吃飯，但都是在跟我訴苦或抱怨啊。」

「你也都把安慰者的角色做好做滿嗎？」

「嗯，對啊。我想說把握相處機會，就盡量聽她說，但越來越覺得不對勁。」

小綸提到，Anita 每次找他都只是講心事，即使約吃飯，也總在抒發心情、聽完建議後就結束約會。

「瑪那熊，我是不是網友說的心情垃圾桶？」

「是的。」我斬釘截鐵下了判斷。

爲什麼如此認定？小綸與 Anita 的互動出了什麼狀況？該如何破解？

聊天話題固定

當對方傾訴心事時，我們提供安慰與陪伴能有效拉近關係，同時也增加斯騰伯格愛情三元論中的「親密」元素。但如果對方只跟你吐苦水，而你又只會安慰他，就會陷入小綸的窘境。因此，不能每次都只聊心事，當運用安慰技巧讓情緒舒緩後，應該重回分享故事、發問、聆聽、再分享或發問的正向循環中（當然，也別忘了肯定技巧），並持續收集友好指標。

約會模式僵化

在小綸的例子中，即使兩人外出約會，也都在做一樣的事情：吐苦水／安慰，這對於推進愛情關係極爲不利，因爲很難製造曖昧。要觀察的是，對方主動找你，是否只爲了發洩情緒或壓力？要避免這種情況，我們可主動邀約對方，並規畫多元行程，例如不要只有吃飯，可再加上看展覽、手作體驗課程甚至戶外活動。簡單來說，就是讓你們約會不是只有「坐著講話」。

個人角色定型

若你持續重複安慰對方，互動話題只有單向聊心事，每次約會也只爲了訴苦，容易讓對方不自覺在你身上貼了「心情垃圾桶」標籤，走到這一步要逆轉的難度也隨之提高。你在對方眼中不能只有一個樣貌、一種特質，例如總是傾聽卻不談自己，或總是隨和卻不做決定。偶爾表現出與平常不同的面向，將創造出新鮮感與神秘性，對曖昧營造具有很大效果。當然，你表現出的反差，得是正向或無傷大雅。例如平常以靜態活動（桌遊、閱讀）爲主，卻突然分享了自己去泛舟或室內攀岩；或平常溫和好講話，但卻堅持某些原則、展現主導性。

總結來說，若發現對方跟你的話題幾乎都在訴苦，或是心情不好才主動邀約，但當你試著聊其他主題時，他大多興趣缺缺，極少出現友好指標，甚至不願進行其他約會

避免淪為「情緒垃圾桶」的因應方法

狀況	NG 行為	破解技巧
話題固定	每次都只跟你聊心事	安慰前後，要分享 & 發問
約會僵化	只為了聊心事才約你	主動邀約，設計多元行程
角色定型	總展現同一個特質	偶爾製造反差

活動，表示很大的機率已被設定爲心情垃圾桶。相反地，如果雙方常聊天、約會，也有肢體接觸、互開玩笑等曖昧元素，當對方偶爾找你傾訴煩惱時，絕對要把握機會、運用安慰技巧拉近關係。這種情況，你根本就不是什麼垃圾桶，而是對方信任、考慮的對象。

 實戰練習：負向情緒同理練習

前面提到要先處理情緒，接下來才是安慰或給予建議，然而常出現的狀況卻是：我們對於負面情緒的詞彙過少，或是太籠統、空泛，導致無從反應甚至不知道對方的感覺。練習擴展個人的情緒資料庫，對於讀懂對方心情、進一步安慰都有相當大幫助。但是，我們總不可能整天請人講負面情緒給你聽（除非你是心理師）。其實，追劇、看電影、閱讀小說等都是好方法，請先準備一段有負面情緒的情節，並試著猜想該角色心情，以及你觀察到的線索，或猜測的理由。接著，想想如果安慰對方，可以說些什麼？若生活中有朋友、約會對象向你傾訴時，也可以在事後用以下表格練習。

範例

情節簡述	好友參加攝影比賽，表示他選了張不錯的照片投稿，卻連入圍都沒有，覺得很嘔。
可能情緒&依據	失望：他原本好像滿有信心、以為能得獎，結果卻槓龜。
	生氣：朋友在說這段時，罵了髒話。
	沮喪：朋友最後有說「可能我不是那塊料吧」，而且語氣很低沉，表情皺眉。
同理練習	失望：應該會有些失望吧？以為有機會，結果卻這樣。
	生氣：這真的會不太爽耶。
	沮喪：有感覺到你在猶豫要不要放棄，因為會懷疑自己。

練習

情節簡述	
可能情緒 & 依據	
同理練習	

4-4 關係中的香檳：幽默回應

用讚美作爲甜點讓互動舒服，以安慰充當咖啡讓相處溫暖。然而，甜點一次吃太多容易膩（變成拍馬屁），咖啡也得看情境適時適量（避免成爲心情垃圾桶），什麼東西是多多益善，適合絕大多數的社交/約會場合呢？

場景是台北市區一家飯店，我受邀參加了某品牌的旗艦店開幕派對。DJ播放著躍動卻不落俗套的音樂，台上舞者進行迷幻風格表演，加上精緻場景佈置，眞是場適合夜晚的聚會。然而，我發現眞正讓我跟朋友放鬆聊天、自在社交的，是服務生所遞上，用高腳玻璃杯裝的淡金色液體。

「這也太好喝了吧？」我飲了第一口，立即說道。

「哈，你喝的是Dom Pérignon啊！」懂酒的朋友爲我解惑。

「難怪，眞的名不虛傳。」一夥人繼續小酌聊天，在愉悅氣氛中聊到忘我。香檳就是有這種神奇魔力，營造出輕鬆有趣、自在愉快的氣氛，不會過於拘謹但又保持禮儀。

聊天時，有沒有「無形的香檳」能讓對話歡樂卻不放縱，甚至使人如沐春風呢？有的，就是**幽默感**。若你在網路上問「什麼特質能吸引約會對象？」成千上百（且大概單身）的鄉民會回你：「$$$，」而眞正內行的老司機會說：「幽默感。」回想看看，身邊是否有這樣的朋友：與他聊天可以很自在隨性，且總會覺得對方所說的東西、做出的回應很有趣；他並非講了什麼笑話，也不是刻意用誇張的肢體語言，然而你就是覺得這人很好玩、不輕浮。他也不怕被大家開玩笑，甚至會拿自己當哏來緩和氣氛。這就是一個有幽默感的人。

許多人常將幽默與搞笑混爲一談，以爲是同一件事情。搞笑是搭配特意爲之的非語言訊息，例如拉高音調、放大聲音或奇怪的語氣。也會用誇張（或有點怪異）的手勢、動作輔助，吸引全場目光。善於搞笑的人會準備許多笑話、奇聞異事、他人糗事做爲話題，逗得聽者哈哈大笑，產生「你也太誇張」「這太好笑了吧」感覺。若要說幽默與搞笑的差異，我認爲是「自然或刻意」。

搞笑雖然讓我們覺得有趣，卻如同過甜的碳酸飲料，剛入喉覺得清涼舒暢，但只要

一多就容易膩、脹氣不舒服。我們對刻意、誇張的表演會覺得「好笑」「很鬧」，卻不覺得幽默。幽默看似自然，但會延伸出機智、反應快、有創意、想像力豐富、自信、平易近人、好相處等印象，對於關係吸引具有很大的幫助。

“幽默的界線拿捏”

「瑪那熊老師，我現在知道幽默感很重要，那到底要怎麼做，才能吸引跟我約會的妹子啊？」在講座上，一位學員急著舉手問道。

「這位同學問得好，」我豎起了大姆指：「首先呢……」接著放慢說話速度、看著對方：「你得先找到願意跟你約會的妹子。」

話一說完，整場大概八成學員都笑了出來，包括這位發問者。我等笑聲轉弱，快速接著說：「嘿，開玩笑的，從你積極發問的態度，我不擔心沒有女生跟你約會。」

出乎意料，卻又合情合理

記得大學的一堂歷史課，老師談著史學理論，詳細內容我早已遺忘，卻始終記得他微笑說道：「回頭看歷史某個事件，剛開始出乎意料，但仔細探索後又覺得合情合理。」在上述故事中，你會發現幽默的關鍵就是製造意外，也就是讓對方感到出乎意料、與原想像或猜測不同。起初大家期待我要認眞回答問題，可能要傳授什麼厲害招術，但說出來的「好像不是重點，卻也沒有說錯」。也就是說，雖然讓對方意想不到，但回過神後又找到脈絡，而不是毫無邏輯的接話。

又例如，某次跟朋友約在餐廳吃飯，點了一鍋薑絲蛤蠣湯。平常喜歡自己開伙、走健康養生路線的Sara喝了一口後面色凝重說：「外面賣的蛤蠣，都不知給牠們吃什麼東西，吐砂吐很快。」

「瀉藥？」我隨口回，結果Sara的湯直接從嘴巴噴灑桌面，邊笑邊怪我破壞她淑女形象。「是淑女還熟女啊？」我接這句後，又讓她噗嗤笑出來捏我的手臂：「你很壞耶！」

在這個故事中，「瀉藥」根本是亂扯的答案（不可能吃這個），但又與Sara的問題有些許關聯（吃了後吐很快）。「熟女」則是運用了文字遊戲的相近音，來回應「淑女」，也是接續對方話語的脈絡，而非全然無關。

營造懸疑氣氛：賣關子很重要

幽默的主要原理，是人們處於緊張情境，突然發現「無害」：原本的焦慮、擔心、困惑等情緒瞬間得到釋放。這種因前後反差造成「鬆一口氣」，而感到輕鬆愉悅，以及「哎呀，原來如此」的感受。所以，在聊天時製造轉折，拉高氣氛的壓力值（或困惑值）後，再一口氣釋放，會達到更好的幽默效果。

在幽默表達技巧中，最簡單的就是主動分享有趣故事，但同樣內容不同鋪陳，效果也會迥異。

普通版：我有個朋友阿泰，十八歲就跟著家人去南非，最近才回來，跟我們約吃熱炒。因爲南非很熱，所以他理了短平頭，皮膚又黑。我就說：「泰哥，你十幾年沒吃到這些料理了，多吃一點。」結果隔壁桌三個小女生聽了後趕緊吃完離開。

進階版：我有個朋友阿泰，十八歲就跟著家人去南非，最近才回來，跟我們約在熱炒店，結果隔壁桌三個小女生迅速吃完離開。我正覺得奇怪，一看阿泰才知道怎麼回事（停頓）。他理了很短的平頭，皮膚又黑，加上我說了句：「泰哥，你十幾年沒吃到這些料理了，多吃一點。」

普通版本身是個有趣故事，也多少能有幽默效果，但過於平鋪直敘，沒有轉折。進階版則刻意營造懸疑（三個小女生突然吃完離開、一看阿泰才知道怎麼回事），並運用停頓引發對方更多好奇心，甚至可以結合發問：「妳猜怎麼了？」這樣一來便讓氣氛變得緊繃：「到底怎麼了？」「有什麼古怪嗎？」最後才公布答案，讓對方驚覺：「啊，原來是這樣啊！」

在一場吸引力講座的尾聲，有位學員提到過往以爲只要埋首工作，就能讓別人喜歡他，但今天聽完有新領悟。他的分享引起其他學員共鳴，相互回饋後，另一位學員問我：「瑪那熊，你能否推薦有關聊天的書，讓我們回去繼續學習？」

我深思三秒後說：「嗯……有一本書很推薦，但要再半年才買得到。」接著刻意停頓不說話。學員們張大眼睛等著我的答案，且困惑著「爲什麼？」「是缺貨嗎？」「因爲我還在趕稿。」答案一出，大家都笑出來，還有人喊：「老師很會！」

這個過程就是在製造懸疑、賣關子，讓氣氛緊繃到頂點後突然釋放，產生歡樂、輕鬆的結果。

用對方能懂的語言

「聊不來」的人有兩種：一種實在太乾太安靜；另一種則是頻率搭不上，也就是tone調不合。溝通基本要素，是用對方聽得懂的「語言」，包括詞語的艱深程度。例如之前提到在心理師聚會中，「情緒」這個詞會被頻繁使用，但大部分人聊天則較常用「心情」。更重要在於，你的用語是否貼近對方生活圈（專業說法：文化脈絡）。

如果你的聊天對象常用網路，那麼，「87分不能再高」「我覺得可以」較容易引起共鳴。反之，若對方並非PTT資深鄉民，你突然一句：「哇靠，某某有槍啊！」會讓他黑人問號。這個觀念，在幽默技巧中同樣適用，甚至是必要條件。某次到北部一所理工爲主的大學演講，上廁所時隔壁男學生不停科科笑，讓我覺得十分詭異。學生離開後我探頭一看，原來牆上貼了一則笑話：

「爲什麼程式設計師常常不會分萬聖節跟聖誕節？」

「喔，因爲OCT31＝DEC25啊。」

我像看到外星語言，完全笑不出來……爲什麼？因爲這個內容與我的知識背景、生活圈差距太大了。但這對資工背景的人來說，會覺得實在幽默，因爲「哏」與他的知識庫有所連結。也就是說，若聊天對象有類似背景、習慣或經驗，你的有趣故事效果會更好。

身爲講師，我常去各縣市演講。某次搭台鐵到新竹，因爲車票要報帳，所以我走向人工閘門準備蓋證明章。有位小姐同時走過來，於是我們各拿一個章蓋下，拿起來瞬間兩人都笑出來。我的車票印著「新竹站證明」，她的則是「作廢」。

如果你本身是通勤族，用過出口的證明章，聽到這個故事就可能會心一笑，並回想起自己的搭乘經驗。所以，不妨在聊天時多聆聽對方的生活背景，分享關聯高的有趣故事，效果更好。

我演講時習慣先瞭解成員的族群特質（學生？上班族？年齡？背景？）除了調整內容，也會在文字使用上做變化，即使臨場想要加東西或幽默回應，也才能用對方懂的哏。有次在男生爲主的講座，有位看似七年級前段班的成員發問：「瑪那熊，我上次參加聯誼時，女生聊的話題我超不熟，當下整個尷尬啊！這種情況怎麼辦呢？」

「這個時候，」我靈光一閃回應：「我想只要微笑就可以了。」

簡單一句話讓台下許多成員笑出來，因爲這句話是此年齡層男生的回憶①。然而在某大學的九型人格講座，我用「玻璃心碎滿地」來描述某型被打臉時的反應，也讓台下出現笑聲，但下一句「搞不好還會喊『連我爸爸都沒打過我』」卻讓氣氛驟降、整場尬症發作。看來，這句台詞已經離八年級生太遠了②。

幽默絕不能建立在攻擊或批評上

第一次見到小羅，對他的印象是開朗、風趣，跟大家很快就聊起來。後來因爲忙其他計畫，有陣子沒去參與聚會，卻有朋友私下問我：

「瑪那熊，你還記得小羅嗎？」

「記得啊，雖然見過一次，印象中他滿嗨的。」我說。

「哎，群組裡越來越多人在抱怨他。」

「誒？怎麼回事？」我大感意外，但畢竟只見過小羅一次，有些東西得持續互動才能觀察到，於是我又回去參加了聚會。

「嘿，熊哥好久不見啊！」小羅對我熱情打招呼，正當我納悶大家是否誤會他時，立即就被打臉了。

「厚～不來參加是不是都去吃好料啊，肚子變大了耶！」小羅作勢要摸我的肚子，讓我心裡閃過：「呃，跟你很熟嗎？」的聲音。

「熊哥你這樣不行啦，男人要有六塊肌，不是鮪魚肚啊！」他繼續開著玩笑，我瞄了旁邊的朋友與其他成員一眼，發現氣氛有點尷尬。

「鮪魚肚？在哪裡？」我刻意放大聲音，猛吸一口氣讓小腹縮進去，接著很快吐氣，並裝一副快吐出來的樣子：「糟糕沒氣，藏不住啦！」

這讓周圍成員笑了出來，氣氛也輕鬆了些，而我也大概瞭解朋友所說的情況了。

不論小羅是無意或有心，「開對方玩笑」的尺度一定要格外謹慎，以免讓人覺得你在攻擊、批評，這樣不但沒有幽默效果，還會造成誤會與不舒服。**若在聊天時開對方玩笑，記得補上一個肯定，讓整段話的焦點停在褒揚而非貶抑**。請回頭看前面關於講座的例子，我對發問學員開了一個玩笑：「你得先找到願意跟你約會的妹子」後，隨即表達出對他的肯定（態度積極、不會沒有女生可約會）。簡單來說，幽默並非透過「喇賽」（台語）、貶低對方來展現，這叫不厚道兼白目。

“幽默的展現技巧”

那麼，幽默到底該如何使用？其實沒有你想得複雜，最基本的是主動分享有趣故事，**運用停頓製造懸疑，透過發問賣關子**。除此之外，還有三種方式來展現：主動技、被動技、反擊技。

主動技：誇張自捧

聊天時，可以刻意稱讚自己，讓對方出現「眞的假的？」「少來了」「唬爛」「哪有可能」「嘴砲吧」的反應。這種自捧不是眞的要炫耀，不能過於認眞在吹噓自己有多厲害。

認眞版：「我是國立大學碩班畢業，目前已經是公司小主管，年收不錯，有房有車。另外我對感情認眞專一，人緣也很好，跟同事朋友相處愉快。平常也有在運動、爬山，偶爾會自己下廚。」

幽默版：「我常跟朋友說，其實我很羨慕他們，」（稍微停頓，或等對方問爲什麼）**「因為他們身邊有一個很 nice 的朋友！」**

這時看對方反應，如果有達到「笑果」，可再接續補充：**「真的啊，既是運動咖，也能揪爬山，偶爾還下廚請大家來家裡吃飯！」**

如果氣氛小尷尬，則自行圓場：**「開玩笑的，不過我滿喜歡跟朋友約運動、爬山，或是來家裡作客，我負責下廚。」**

又例如有位講師朋友跟我說：「嘿，上次在講座有特別推薦你的穿搭服務喔，我跟學員說瑪那熊很有型。」

我秒回一句：「嗯，你很誠實，是位好講師。」

雖然是誇張自捧，但建議以「將七十分講成一百分」為主，「將三十分講成一百分」為輔，才不會被貼上愛說大話的標籤。

被動技：創造意外&刻意打鬧

進階的幽默，其實是接話的藝術。也就是在對方說話（或行為）後，隨機應變做出讓他出乎意料的回應。前面已經提到反差重要性，不論是講座回答，或蛤蠣吃瀉藥例子，都屬於被動創造意外效果。

某次我接受了網路媒體採訪，地點選在一間餐廳。在寒暄、交換名片後，氣質出眾的記者問：「瑪那熊，您想喝什麼呢？」

因爲我那陣子努力減糖，所以回應：「沒關係妳點就好！」

「你也點啊，我們公司會出錢。」

「喔喔，那來瓶香檳王謝謝！」

這個「意外」讓我們迅速破冰，緩和了剛見面的僵硬氣氛。要提醒的是，這同樣得符合聊天循序漸進原則，還不熟時可別力道過猛，以免驚喜變成驚嚇！

例如，當記者問：「想喝什麼呢？」時，如果我接了句：「我想呵～護妳」大概就會讓空氣瞬間凝結，搞不好還被視爲性騷擾。因爲我跟對方才剛認識，這種帶有打情罵俏性質的回應，請等友好指標較強，甚至有曖昧情愫時再用吧。

除了創造意外，在互動時開對方玩笑也是一種幽默技巧，但必須考量雙方交情，是否已經收到不少友好指標。另外，開玩笑不是直接嗆人、酸對方（這叫人身攻擊），而是用無傷大雅的吐槽，來達到打鬧效果。若使用在約會對象上，則有助於營造曖昧情愫。

某次我在赴約路上突然下雨，剛好幾個汽車業務走在前方，有位個子嬌小的年輕女生撐傘，旁邊則是位四十歲大叔並行。只見大叔用手指頂了一下傘說：「啊，撞到頭了！」簡單一句就逗得小女生笑開懷（我懷疑他刻意讓小女生撐傘，埋下這個哏，原來是擅長撩妹的朋友呢！）依照對方行爲、狀態創造意外，加上雙方原本就有交情，且尺度拿捏恰當，便不會讓對方覺得被惡意嘲笑。

又例如，當你邀約對方一起去跳搖擺舞，但她回應「不要啦，我會同手同腳」時，該怎麼辦呢？有些人會認眞解釋這種舞蹈很簡單、輕鬆，有的人則打退堂鼓放棄。下次不妨輕鬆點，開個小玩笑吧：「哈，那我更要拖妳去了！」「放心，我會忍住不笑出來。」如果對方回應一個微笑，或是「你很壞耶」，即使最後沒約成，你們之間的關係仍然有進展。

反擊技：輕鬆自嘲

還記得幽默的第二原則嗎？處於緊張情境的人們，原本感到焦慮、擔心或尷尬，但因爲我們的某個反應瞬間得到釋放、鬆一口氣。**幽默最高境界，是將別人製造出的緊張氣氛，四兩撥千斤地化解，同時爲自己與對方解圍**。例如前面提到，小羅拿我身材開玩笑時，其實場面有點僵，但我並非用「不是啦，我是因爲最近忙工作」「有變胖嗎？

應該是我穿比較多吧」認眞解釋或反駁，而是先縮小腹假裝要藏著，後來乾脆承認有肚子，讓原先壓力轉爲輕鬆有趣。

自從看了電影《金牌特務》後，我迷上了紳士裝，還跑去專櫃買了西裝背心作爲戰袍。在一場聚會上，有位老朋友帶著一位女生過來打招呼。

「嘿，瑪那熊，這是我女友 Amber。」

「哈囉，我跟 Mike 是大學時認識的朋友，目前是心理師。」我點頭示意。哪知道 Amber 笑說：「不好意思，我剛以爲你是服務生呢！」雖然 Amber 沒有惡意，但氣氛還是有些尷尬。我立即刻意客氣有禮回應：「哈囉小姐，可以幫您點餐了嗎？還是需要幫您介紹酒單呢？」

自嘲關鍵在於「示弱藏鋒」，帶著自信自我調侃、吐槽、開自己玩笑，而非悲觀怯懦、自卑自貶。配合對方的話語，假裝自己NG，這種回應非但不會讓對方認爲你眞的很糟，反而覺得你很幽默，留下正面印象。甚至可以將自嘲跟自捧結合，讓人在歡樂的氣氛中看見你的優勢。

我習慣在演講最後預留 Q&A 時間，某次主題爲「終結母胎單身的互動技巧」，最後有學員舉手發問：「瑪那熊老師，我想知道你把到女友的過程！」

當時我考量時間有限，希望回應與內容較相關的問題，且不打算將個人私事講得鉅細靡遺，所以快速回了句：「那我可能要寫本論文了耶。」

這位學員不放棄，又追問一句：「那老師，你交過幾個女朋友呀？」

「同學，你是問有紀錄的還沒紀錄的？」我反問。

學員：「嗯……有紀錄的。」

我：「四位。」

學員：「那沒紀錄的呢？」他再問。

我刻意皺眉說：「欸，你是要害我回家跪主機板嗎？」然後結束這回合。

“幽默感養成術”

提了這麼多幽默的方法、好處，那該如何培養幽默力？

增廣見聞與知識

如同第二堂提到，聊天話題來自於生活經驗的多寡，幽默也需要以見聞、知識為基礎，擁有夠廣夠深的資料庫時，才有東西可以回應對方。例如上面記者小姐請喝飲料的例子，我用了香檳王來回應。之所以能用這個哏，是因為我在一場活動喝到後對它感到好奇，於是搜尋資料、吸收知識（就是這節最開始的故事）。又例如幽默技巧中很常用的文字遊戲，包括同音異字（顏值高的人很閒→鹽值高的人很鹹）、相近音（淑女→熟女），也需要有夠好的中文知識。幽默雖然與創造力有關，但創意其實很難無中生有，它奠基於你原本擁有的知識經驗。所以多元閱讀、不斷吸收新知並拓展生活圈，是建立幽默感的第一步。

多聽多看多觀察

幽默感跟學習語文的「語感」很像，是一種長期經驗的內化與累積。參考具幽默感的人或作品，是一個很好的方式，但不建議全盤模仿、直接照抄，而是去瞭解對方如何營造幽默（主動？被動？反差？自嘲？文字遊戲？）再將它結合自身經驗，創造出屬於你的幽默故事或句子。YouTube 上有許多吳宗憲的主持片段，就是很好的範例，或「我是馬克」「聞氫哥」等人的漫畫創作，也蘊含許多幽默哏。

放下焦慮，設定合理目標

焦慮會讓我們無法專注於當下，而忽略對方的訊息，且耗盡大腦資源，讓你很難互動下去，更別說製造幽默氣氛了。許多人（尤其是人際焦慮者）習慣將聊天當成考試、面試，總在煩惱該如何滿足，甚至討好對方，好得到高分（被喜歡）。越在意表現，越難順暢互動，也就越擔心被對方「刷掉」，形成惡性循環。

不少人際/戀愛文章提倡「無所期待」「無欲則剛」，然而人的行爲皆有其動力，無欲無求不但違反人性且不切實際，反而會讓我們因爲達不到目標而更焦慮，或是讓自己顯得過於冷漠、高姿態。因此，與其無所期待，不如設定「合理期待」，例如第一次接觸時，目標是讓對方想持續跟你聊天，而非讓他喜歡我、覺得我很棒；與有好感的對象初次約會時，目標是讓他心情好、舒壓放鬆，而非想跟我交往。另外，說故事的關鍵是「分享」，而非「討好」，別讓關係又回到追求的套路中了。

練習輕鬆回應，幽默自然產生

幽默沒有你想得困難，也並非什麼神奇招式，一出手就能讓對方立即喜歡你。**幽默的開端其實就是輕鬆回應別人的話語、行爲而已。**

之前在台北某大學擔任兼任心理師，搭公車離開時，因爲適逢連假前夕，車上擠滿了人。這種狀況大家通常情緒都不會太好，畢竟擠來擠去，加上路段彎道多，更是不舒服。不料即將離站時，司機用車內廣播大聲說：「要關門囉！門邊的同學練一下縮骨功喔！」準備大轉彎前，又說了句：「要轉彎囉！握好把手別把別人當肉墊誒！但如果要報仇的就看你自己功力了！」讓不少學生笑出來，也舒緩了車內的氣氛。最讓我印象深刻的是，路邊有民眾以四十五度角高舉右手攔車，司機隨口說一句：「哎唷，好像希特勒咧！」讓喜歡三國歷史的我嘴角直接失守。

這種輕鬆面對生活和工作的態度，就是種幽默。比起技巧、話術、慣例，心態才是展現幽默感最需要優先建立的元素。當你帶著「玩心」「樂觀」看世界，與人互動才比較容易出現「神回覆」，展現出幽默特質。

某次我與一個新單位合作，前往演講前我已提供了核銷會用到的資料（身分證字號、戶籍地址、帳號等），聯繫窗口因爲是新人，我要簽領據時發現並沒有將資料列印出來，我得自己重新塡寫。對方發現後很尷尬地道歉，我看著她緊張模樣，便用輕鬆的語氣說：「咦，金額也是空白，那我可以自己塡個數字嗎？」頓時讓在場工作人員都笑出來，聯絡人也放鬆許多，得以專心處理演講事務。

能臨時接這句話，是我當下眞心覺得「沒關係，難得寫字當練筆」，我並沒有因爲對方的小疏漏感到不悅，才能幽默回應。因此也鼓勵大家，不管在工作、生活或人際互動中，可以做最好的準備，但也別過於強求甚至苛責。

訓練聯想力，培養發散思考

在前面〈聽完了，接下來？〉那節，提到認知模式有兩種：其一是以歸納、演繹、推測爲主，「合於邏輯或某種規則」的聚斂思考，其二則是以聯想、猜測、腦力激盪，「未必合於舊有邏輯或規則」的發散思考。當時我預留一個伏筆，告訴你發散思考除了有助於「接話」外，還有一個功能。答案揭曉，就是增進幽默感。前面提及，幽默主軸是出乎意料，也就是跳脫多數人固有想法、預期或聚斂思考，而是從你的知識庫、經驗櫃中連結「跳躍但有相關」的東西，並進行回應。

日常生活中，試著讓自己不要只有一個角度，不多思考其他可能的解決方法，即使剛開始覺得很「不合邏輯」。留意別總是用過去經驗、固有習慣來處理事情，至少聽聽不同人的看法或意見。當然，多玩幾次〈聽完了，然後呢？〉實戰練習的詞語接龍遊戲，也能訓練發散思考能力。

註釋——

①「這個時候，我想只要微笑就可以了」出自一九九五年庵野秀明導演的日本動畫《新世紀福音戰士》，常被影迷簡稱為「EVA」。前半部走機器人對抗不明生物的熱血路線，後面開始轉為意識流風格，蘊含許多哲學、心理元素，很合當年的青少年口味。

②「連我爸爸都沒打過我」出自一九八〇年代經典動畫《鋼彈》男主角之一阿姆羅。他從原本的中二生逐漸成長，扛起地球聯邦軍對抗吉翁公國的重責大任，與另一主角夏亞共同交織出這部精彩的作品。

狀況A 符合聊天原則的「小意外」讓氣氛迅速破冰

狀況B 裝熟力道過猛，驚喜變驚嚇

第五堂

讓關係不再挫折

5-1

上場聊天去！第一印象很重要

經過前面的學習與練習，你已經擁有一定聊天基礎，與過去截然不同。此刻，該是上戰場的時候了！要持續精進互動技能，最有效的就是實戰、實戰、再實戰，透過累積經驗來驗證學到的知識並熟悉技巧，在社交或約會時更自在，甚至開始享受聊天。若你仍感到緊張，別忘了用「練習」的角度來看待前幾次的互動，且謹記「分享」故事的精神。也或許你已經躍躍欲試，我的顧慮是多餘的。然而在衝上戰場前，仍有最後一些步驟要準備，以提升勝率。

正如同一位騎士出征前，會準備好自己的盔甲，當我們要參與一場社交活動或約會時，也得搞定裝備才行。外在形象在台灣非常容易被忽略，甚至被污名化。

「哼，這書的作者眞是膚淺！」

「哥靠的是內涵好嗎？外在形象是什麼東西！」

「哎呀，金玉其外代表你敗絮其內啦！」

「人帥穿什麼都一樣，人醜怎麼穿都沒救！」（然後貼出冠希與阿北對照圖）

各位朋友，我們都一路走到這了，請先深呼吸、沉住氣繼續讀下去。看完再決定是否運用外在形象也不遲，對吧？

都是腦補惹的禍：月暈效應

在第二堂中，我們曾稍微提過外型的重要。爲什麼你需要在約會、互動時經營外在形象？前面提到「月暈效應」，指的是我們對別人的認知判斷，習慣從部分擴散到全部，意即從一小撮線索過度推論，放大到整體印象。當你注意到某人有不錯之處時，會給予高於實際表現的正向評價，例如網路鄉民常講「正妹是對的」「人正就是正義」。反之，當你看見某人展露出一個NG特質時，會給他大於實際表現的負面評價，俗話說「人帥眞好，人醜性騷擾」就有這個意味。最白話的說法就是，人們很喜歡腦補，在資訊爆炸的時代用「見微知著」「一葉知秋」這套，是否精準不是重點，節省時間才是我們要的（當然，社交經驗越豐富的人，判斷力往往越準確）。

既然人們愛腦補，那我們能否反過來運用月暈效應製造好感？這就是外在形象效果：讓對方因爲第一眼看見的影像，形成好印象並產生好感覺。很多人搞不懂所謂「感覺」到底是什麼，看似虛無飄渺，但其實有跡可循。感覺來自與對方互動中，經由眾多觀察與感受形成對你的印象，是一種由下層各種線索，向上形成概念的過程。有趣故事、自然接話、適切問題、專心聆聽、幽默回應等，都屬於下層線索，甚至更細緻去看，就是文字使用、表達音調、聆聽的眼神等。而外在形象就是其中一個重要線索。

“營造外在形象才能取得互動門票”

那麼，光靠外在能立即讓對方願意靠近你、跟你當朋友或交往嗎？除非像我號稱諂商界金城武（假的），否則光靠外表難以直接建立長期、穩定關係（眞的）。**建立外在形象的目的，是提高對方願意聊下去的機率，也就是取得互動門票，即使僅是一般社交或職場互動**。當雙方初次接觸，對彼此瞭解並不多，外在形象就是你的第一張名片，而且影響巨大。若是約會、聯誼場合，那就更重要了。日本溝通專家箱田忠昭在《讓你在乎的人都喜歡你》書中認爲，兩個不認識的人接觸後，四分鐘內就決定了是否繼續互動下去；國際知名的溝通權威萊拉．朗德絲在其著名的系列作《跟任何人都可以聊得來》中亦提到，你第一眼看到對方，對方第一眼看到你，都是決勝的關鍵，雙方會做出「衝還是不衝」的判斷。萊拉甚至用「第一印象，沒有第二次機會」提醒我們別輕忽它的重要性。

「大家有玩交友APP嗎？」某場講座上，我做了這個調查，現場五十位男女約七成舉手（我猜有黑數，應該有更多人使用過）。一位成員分享他用的APP，每次會跳出一張照片，下方有簡短的資料：暱稱、年齡、身高、體重、職業、居住地。如果對他感興趣，手指往一邊滑動就會加入追蹤清單，往反方向滑動則是謝謝再聯絡，接著跳出下一個對象。

「想像一下你們今天在用這款APP，怎麼決定要往哪邊滑？」我問台下的大家。成員沒有立刻回應，於是我再問：「照片與資料，哪個讓你決定想不想聯繫對方？」

「照片」「當然看臉啊」「身材吧」「我覺得穿著也重要」「太宅不行」聲音此起彼落，甚至出現「人看起來要有質感」這種需要自行腦補的答案。正在閱讀本書的你，不妨也問自己這個問題：在玩交友APP或聯誼時，你是依據什麼決定當下對他（她）

有好感還是無感？

“初見面想以內在取勝？別傻了！”

有幾次在講座提及形象的好處時，被成員質疑甚至反駁。有人是直接舉手，有的傳紙條，也有露出嚴肅的表情被我察覺，一問之下才緩緩說出：「才華與內涵才是重點吧，穿什麼有這麼重要嗎？」關於這個困惑，萊拉替我做出很棒的回答：「不論你再有內涵，第一次見面都是空談，你能讓對方看到的，就只有外表而已。」

關於穿著，其實存在著男女差異。雪城大學的研究：讓女生從一堆男生照片中挑出願意結婚、交往或一夜情的對象，結果顯示照片裡的男生穿得越講究或得體，在這些問題的得分（意願）就越高。

再來看看東康乃狄克州立大學，心理學博士瑪德蓮的研究：她發給班上女同學以及她們母親一堆男生的圖片，上半部是男生照片，下方則標註他的個性、特質或內涵（很類似常見的交友APP）。結果發現，不管是女同學選男友或媽媽選女婿，最終都會參考個性或內涵。等等，那外型爲什麼重要？這研究不是把瑪那態的臉打腫嗎？

別急。這個結果有個關鍵但書：**個性或內涵重要，是指這個男生的外型有通過基本門檻才成立**。也就是說，外型不受這些女大生（及她們媽媽）青睞的男人，一開始就直接被淘汰只能去旁邊玩沙，寫在上面的內涵無用武之地，講得殘忍一點就是：人・家・根・本・不・在・意！

雪城大學的另一個研究則發現，男生對於女生的穿著比較沒那麼重視。在實驗中，即使臉蛋漂亮的妹子穿得再離譜或誇張，受測試的男人會表示：「我覺得可以。」但臉蛋普通或長相不合喜好的妹子，即使再怎麼精心打扮，這些男人大部分仍表示不是他的菜。

若要問一個男人跟女人在約會前，花在打扮的時間誰多誰少，超過八七％的人會認爲答案很明顯：多數女生可能會整理頭髮、化妝，還要挑選衣服、鞋子，以及思考該搭配什麼配件，甚至連唇膏顏色都得精挑細選。但男生呢？有用洗面乳洗臉已經不錯了，願意保養的更是少數；衣服通常隨便抓一件，也不管是否平整直接穿了再說，最後套上那一千零一雙鞋子，出門赴約。

發現問題了嗎？男女的穿著對另一方的影響程度，與他們重視自己穿著的程度對不上！男生要建立良好的第一印象，需要透過得體的穿著，偏偏許多男生在這部分馬虎帶過。所以，若你自己或有男性朋友遲遲無法脫單，趕快開始改變吧。

“不論約會或社交都重要的穿搭建議”

在討論「該怎麼打扮」時，我其實並不喜歡將「社交」與「約會」情境分開。許多人的觀念是，跟朋友或獨自出門就隨便穿，約會或聯誼場合才稍微打扮。《跟任何人都可以聊得來》的作者萊拉認爲，我們應該隨時做好準備，即使不是約會日，也要在出門前考量是否可能遇上「潛在對象」。就算是朋友派對、聽場演講、參加活動，只要有可能認識新朋友，穿著上務必要用點心思。或者反過來想，合宜穿著能爲你製造認識新對象的機會，原因就是上述的月暈效應。那麼，該如何善用外在形象呢？

建議一：依照場所、對象與目的

所有衣著都要優先考量「我要去哪裡」「要見誰」「要做什麼」。我曾在一場戶外聯誼看到成員穿著皮鞋來參加，雖然那雙棕色雕花牛津鞋著實很美，但實在爲他捏把冷汗。果不其然，才剛從淡水老街走到紅毛城，這位紳士就被海放在最後方了。

另一個例子是 Larry 的親身經歷。我們的共同好友幫他介紹一位年齡相仿的女孩，兩人在網路聊天時發現都愛吃牛肉，於是約在信義微風樓上的牛排餐廳見面。

「其實當天我有點傻眼。」Larry 回憶起兩人首次約會。

「發生什麼事了嗎？你不是有看過她的 Line 頭像，難道是照『騙』？」現在手機修圖 APP 這麼多，若眞發生這種事，也不是太意外。

「臉是沒差太多，但……這麼說好了，瑪那熊，你覺得到這種餐廳應該穿怎樣的衣服？」看來 Larry 是想試探我的穿搭習慣。

我分析，考量到餐廳的水準與目的，男生至少得穿長袖襯衫、休閒褲，將衣服紮進去，並且穿皮靴或皮鞋。女生則以洋裝或多層次爲基底，再選一兩樣配件搭配淡妝。

「是啦，所以我約會前還特定去買襯衫，你也知道我平常比較走運動風。」

「那聽起來是對方的穿著出問題？」我問。

原來，Larry 的女伴當天穿了件 T-Shirt，加上刷破牛仔褲與運動鞋就赴約，頭髮沒什麼整理顯得很毛燥。這讓 Larry 覺得對方不太尊重這場約會，也不重視打理自己，在一堆腦補後，Larry 原本打算將這次見面當成唯一也是最後一次約會，後來因爲介紹人的鼓勵，才繼續互動且有了第二次、第三次約會。但在日常生活中，我們很可能因爲一次的穿著失當就把機會斷送了。

因此，請先瞭解你要去的地方、目的，再決定穿著正式程度。利用下表，將情境依照數字加總起來，總數越高代表穿著需越正式。

一般社交習慣，夜晚穿著需要更正式，白天則可以較爲輕鬆。至於地點，若需要大量走動，或運用肢體動作的地方，穿休閒些比較方便；反之若在室內則可正式些。考量你與見面者關係，普通朋友或陌生人不需太正式（注意，這不代表可以隨便穿）；若是約會對象，請將衣著正式度提高一級，但尚不需達到面對長輩時那種程度。最後，目的若是一般聚會可以自在些；約會或聯誼請正式點；公務出差、面見客戶那不用說，絕對是層級最高。

問題來了，怎樣的穿著叫做「正式」？一

穿著與情境參考

時間	上午	中午／下午	晚上
	-1	+0	+1
地點	戶外、動態	綜合（戶外加室內）	室內、靜態
	-1	+0	+1
關係	一般朋友、陌生人	約會對象	長輩、上司
	+0	+1	+2
目的	一般聚會	約會聯誼	公務
	+0	+1	+2

般來說，指的是較精細、用心裝扮，加上一些約定俗成的 icon。

男生正式：長袖襯衫、紳士裝（西裝）、西裝背心、西裝褲、皮鞋、配件（領帶、領結、皮帶）。且以深色、對比色爲主（例如白襯衫＋黑西裝，就是最正式的穿著）。

女生正式：小禮服、洋裝、裙子、襯衫套裝、配件、化妝。

男生&女生休閒：T-Shirt、POLO 衫、針織衫、牛仔褲、休閒褲、短褲、運動鞋、休閒鞋。

要留意的是，正式與休閒並非二選一，而是程度差異。若情境是晚上、室內與長輩談公務，即使穿西裝、套裝也不會失禮；但如果是與約會對象共進午餐，襯衫＋休閒褲＋西裝外套＋皮靴就很合適了，打領帶反而讓人覺得太嚴肅（女生可以洋裝＋配件，或針織衫＋裙子＋配件）。不妨試試近年來流行的 Smart Casual（商務便服，介於正式與休閒中間，例如淺色襯衫＋非黑色西裝＋非西裝長褲）。白天的戶外行程如踏青、逛街之類，POLO 衫或襯衫＋牛仔褲＋休閒鞋就足夠了。

女生的穿著變化較多，端看體型與個人風格。但對男生來說，不論正式程度爲何，合身都是最重要原則。寬大的衣褲讓你顯得沒精神又邋遢（甚至被貼上「宅」的標籤），太緊則不舒適或凸顯身材弱點。不是很確定的時候，建議多詢問擅長穿搭的朋友，或找機會學習經營外在形象的方法。

建議二：配件與鞋子定生死

常見到有些與女伴約會的男生，雖然穿上不錯的襯衫，卻搭了平常運動用慢跑鞋，讓上半身的精挑細選功虧一簣。也曾在山區健走時，看到旁邊女生穿有跟的鞋子，不但容易受傷，也讓大夥兒滿臉問號。

鞋子會影響整體形象，請選擇符合社交場所的款式。機能型運動鞋很好穿，就留在運動、打球或爬山等活動吧；其他戶外場合（逛街、景點）請以休閒鞋為主。有一個很簡單的判斷方式：除非運動，否則不要穿有網狀材質的鞋（慢跑鞋常見這種布料）。室內社交或約會，建議以皮革類的鞋子為主，除非公務需要，否則不需穿黑色皮鞋。

配件則具有畫龍點睛、避免過於單調，又能展現個人特色與品味的功效。女生可選擇的很多，從上而下有髮飾、耳環、項鍊、手環、手錶、戒指等，建議挑選二至三樣即可，以免讓人眼花撩亂（越正式或靜態場合可穿戴越多，若活動量大時則減少）。化妝通常有良好的修飾效果，不妨學些適合自己的基本技巧，加上整理髮型，能幫女生在互動或約會中加分。

男生配件不多，領帶、領結在較正式的場合會用到，若你脫離學生時代已久，不建議戴太招搖的項鍊。考量到實用性與製造好感效果，最適合男生的配件有三個：第一是皮帶，尤其當你將襯衫紮進褲子裡，想營造成熟感時，就會需要它。除非公務需要，否則盡量不要選黑色（尤其是前方有一個金屬方塊那種），你可以挑咖啡、深棕、灰色、深藍、酒紅等。

第二是襪子，這是多數男人容易忽略的地方。穿長褲時，避免小腿皮膚露出來，能給人紳士優雅的印象。若你對穿搭已有心得，不妨嘗試非素色的長襪，增加視覺變化與活潑。若穿九分褲、七分褲或短褲（後兩者不適合室內社交），則可搭配隱形襪，露出你的腳踝。

最後但**最重要的絕對是手錶**。我的工作性質，不論是諮商或演講，都需要快速（且用動作不大的方式）掌握時間，所以手錶是必備。你可能會有疑問：「手機這麼方便，幹嘛還要用手錶看時間？」

手錶除了實用性，更是配件，用來展露你的個性、品味，且有效製造別人對你的好印象。除非你戴了驚世駭俗的錶款（例如電子卡通錶，打開還會發出聲音那種），否則我沒聽過有誰對戴錶的人抱持負面印象。有一派人認爲，手錶可用來顯示地位，但我個人持保留態度。你未必需要跟風或砸大錢買很名貴的錶，一來手錶的效果需搭配整體穿搭，與其重壓在此不如平均分配。二來過於刻意炫耀，很可能產生反效果（除非你一開始就想吸引看重你財力的人）。

建議三：衣著不是全部

談了這麼多穿搭，爲什麼衣著不代表一切呢？因爲，你還需要留意幾個細節。首先是號稱人們第二張臉的髮型，如果清潔沒做好，油亮亮一片或頭皮屑隨風飄，立刻讓人腦補你是個邋遢、不重衛生的人；相反地，若有好好修整、留意清潔，能讓對方在每次見面都覺得順眼。然而，有些朋友下定決心找間髮廊改頭換面，但後續沒有吹整或使用造型產品的習慣，就浪費了設計師一番苦心。所以，務必請對方教你如何整理或「抓」頭髮，才能延續好的效果。

從頭髮往下，就是你的臉了。所謂顏值，也就是五官的位置、比例與形狀，與基因息息相關，因此有一派認爲天生決勝負，後天經營外型根本沒效果。其實，輕易放棄治療是很可惜的！提升顏值，要先從膚況與氣色開始，清潔是基本功，尤其在空氣不佳、氣候悶熱地區，更須留意。而每天不過多花三分鐘保養，長期累積下來對顏值也會有幫助。飲食與運動則是從根本改善皮膚，對體態也有裨益。最後，你還有化妝甚至微整型這兩個秘密武器，可依照個人狀況對症下藥。

此外，衛生習慣也同樣重要。指甲部分，女生優勢在於運用顏色甚至圖案來增加變化；男生雖然較不適合著色修飾，但該留意是否過長、有無藏污納垢。此外，鬍子、鼻毛修整了嗎？流汗是否會成爲「汗味戰士」？這些都是外在形象的一部分。看到這裡，你或許會覺得「哎呀，這麼多細節也太繁瑣了吧！」其實，外在形象本來就是由許多細微之處組成，還記得前面提的「由下而上」（bottom-up），由感覺變成好感的過程嗎？我們反而應該慶幸，能從這些實體線索著手，形塑出良好的第一印象。

讓打扮成為生活的一部分

不是只有約會需要裝扮，一般社交也需要；我建議只要出門，就讓自己看起來是最棒的。太多人有個迷思：金玉其外，必定敗絮其內，但是，爲什麼我們不能是個內外兼具的人呢？當你有良好內涵，當然值得合宜的外在形象來襯托！事實上，內涵與外在可謂相輔相成，而非只能從中擇一、此消彼長的衝突關係。

美感建立屬於內涵的一部分——你為了穿得好看，學習如何運用色彩與比例。生活品味也屬於內涵——你逐漸懂得挑選適合自己，且有質感的衣服配件。更別說是在調整外在形象過程中，增進聊天技能自然也是內涵——與店員或同好互動，累積更多故事可分享。別再相信「有內涵就不能重視外在」的說法了！內外兼具會讓你更有吸引力，也讓人際或愛情更順利。應該沒有人會嫌自己太有魅力吧？

因此，試著將打理外型這件事融入日常，成為生活一部分吧，它會為你帶來許多好處：提升外型、培養美感、建立品味、擴展人際與聊天話題，甚至增加自信。我在某次聚會中曾跟朋友開玩笑：「出門前看著衣櫃的服飾配件，思考該如何搭配是一種幸福的煩惱，也是種樂趣。」事後想想，這不是玩笑話，而是眞心話。別被「外表不重要」「有錢帥十倍」這類言語絆住，網路鄉民不會為你的人際與愛情負責，你才是擁有決定權的人！

狀況 A 第一次見面內涵都是空談，對方能看到的只有外表而已

狀況 B 沒有看場合的穿著打扮只會讓你像跑錯棚

5-2 準備你的人際履歷

不管到新單位、公司，或是朋友邀約聚會，甚至透過別人介紹而約會，到社交現場後，該如何與新朋友開始互動呢？在彼此不認識的「第一次接觸」階段，我們需要透過自我介紹來暖場。因此，你得準備好一份人際履歷，讓對方開始認識你。

這份履歷與一般應徵工作用的大不相同。還記得第二堂開頭提到，那位曾找我諮詢過的 Andy 嗎？

「妳好，我是 Andy，目前在○○半導體擔任研發工程師，但不太需要輪班，時間算是固定，工作已經五年了。之前則是 X 大的△△研究所畢業。平常興趣是吉他、攝影，主要是看書自學。」

這種自我介紹易讓聊天變成面試，你可能越來越緊張，對方也會覺得枯燥。**人際履**

歷的內容要以資料爲輔，故事爲主。我們已經談了太多故事能帶給你的好處：提升記憶效果、自然展現特質、營造輕鬆氣氛、便於延伸話題。事實上，即使剛接觸，雙方也並非一定遵循「我介紹完自己，換你介紹身家背景，然後我們開始聊天」這種模式，自我介紹本身就是聊天的一部分，不需要這麼刻意區分。也就是說，自我介紹並非一股腦兒提供對方大量個人資訊，這樣實在太生硬了。

「姓名稱呼」「工作/學校」「居住地」「休閒興趣」是社交場合或約會聯誼中最常被問到，也是自我介紹必聊的四大主題。然而，多數人易犯的錯是回答太簡短，直接句點對方。例如：

對方：「你是做什麼的？」

我方：「喔，我是心理師。」

這讓別人很難接話，你也只能反問對方「那妳是做什麼的？」讓聊天變成一問一答。該如何改善呢？

豐富資訊內容，加入幽默元素

當你回覆句子太短，有沒有再多說兩句呢？提供更詳細的內容，不但讓對方更認識你，也幫助他從中找到話題聊下去。例如：

對方：「瑪那熊，你是做什麼的？」

我方：**「喔，我是心理師，當情侶吵架時會來找我，我負責幫他們重修舊好。」**我有時也會刻意講得輕鬆些：**「喔，我是心理師啊，但千萬別再問我，知不知道你在想什麼。」**不過，第二種回應方式就得看場合，且先觀察對方的言行來評估是否合適。如果是較正式的商務場合，或發現對方說話嚴肅正經，這種回應容易給人「油油的」觀感。反之，若前面已有不錯互動（得到友好指標），對方的非語言訊息也展現出活潑、外向特質，自然可以試著加進幽默元素。

曾在社交場合接觸到一位渾身散發歡樂氣息的女生，對方綽號實在很有趣，她描述時也笑得很開心。所以當詢問到我的職業時，我便選擇用打鬧的態度回應：

「我其中一個工作是戀愛教練，就是讓男生學會怎麼吸引像妳**這種氣質**的女生。」

（我在「這種氣質」四個字特別加重語氣、放慢速度，運用非語言來強調。）

開朗女孩：「誒等等，我這種氣質，是哪種氣質啊？」

「哈，當然是……溫柔婉約又活潑開朗啊！」

「嘖嘖，很會嘛你。」她笑得更誇張了。

我刻意同時描述了符合對方形象，以及與之相反的特質，看似開玩笑但又帶有稱讚，收到不錯效果。

因此，**要讓對方對你有印象，最簡單的就是增加回答/自我介紹長度，如果情境或氣氛不錯，還可用輕鬆幽默的方式呈現**。但這絕不是要你寫作文，落落長連續講五分鐘，而是稍微說明即可。當對方問你：「現在住哪裡？」時，避免只回應：「喔，我住新北市」，而是用**「我住在有棒球場跟正妹大學的那一區，你應該知道在哪吧？」**這種比較豐富的內容來替代。同理，當聊到「放假通常做什麼」時，也應該從簡短的「我喜歡看電影」進行延伸，多加上「尤其是科幻或動作類的，例如《銀翼殺手 2049》。」

包裝資訊，用自信點綴

你呈現出來的人際履歷，需要有自信。絕大多數人不論男女，都比較喜歡跟「有自信的人」互動，或容易被他們吸引。在《跟任何人都可以聊得來》一書中，作者萊拉曾說：「你可以是個魯蛇，但也要是個有自信的魯蛇！」

市面上增強自信的書籍、文章或課程相當多，甚至到了眼花撩亂程度。綜觀來看，提升自信有兩大派別：一種我稱爲「唯物派」，強調透過經歷、物質、能力、成就等具體可計量的元素來增加信心。例如：你目前擁有哪些能力，可以勝任某些工作與任務；你已經克服的挑戰、得到的稱讚；外在形象是否具魅力、物質與經濟狀態是否充足有餘裕；再更具體，就會用頭銜、職場履歷、年收入、資產、出國次數等清楚可計量的東西來加強自信。

另一種截然不同的取向，我稱爲「唯心派」，認爲看見、接納並喜歡目前的自己，信心就會逐漸產生。運用自我探索來找出個人現有價值，並透過大量激勵文字傳達「你已經很棒了」「要相信自己」「不需一直在意別人眼光」「你才是主人」「自己命運由自己掌握」「心想就會事成」等，少數還會利用從眾效應或激發情緒方式，打破你舊有框架並灌輸新觀念。

兩種派別各有支持者，到底該「大破大立」還是「相信自己」？自信建立需倚靠「具體條件」抑或「觀念轉變」？我認爲，兩者兼具是最有效的方法。先挖掘個人長處，瞭解已有強項來提升信心，同時也設定目標，讓自己擁有更多優勢，透過成長而增加自信。所謂優勢，不應只設限在「內涵」或「能力」，還包括「外在/身體」「物質」「獨特經歷」等，重點是需要有具體描述，才更具說服力。

要提醒的是，當你開始改變、成長時，不要一下就設定太遠大目標，剛出新手村就去打魔王，當然很容易失敗挫折。自信還沒培養起來就先狠狠重摔一跤，重複幾次後可能就打退堂鼓了！記得先從小型、簡單的目標開始嘗試，較易累積成功經驗。自信及能力的提升無法速成，而要靠養成。我們可運用心理諮商中「焦點治療學派」的重要觀點：讓正向經驗像滾雪球般，帶來越來越大效果，增加你的信心。

自信逐漸增加的過程中，別忘了透過**包裝自我介紹**來展現。包裝並不是說謊、唬爛，也不是將十分的東西講成一百分，而是透過文字修飾，在不違反眞實狀態原則下「換句話說」，把七十分的物品描述爲九十分。例如你的工作是「廚師」，可以修飾成**「我的工作啊，就是讓人透過吃東西來放鬆身心、感到幸福。」**或是**「我的工作，是讓得來不易的食材發揮最大價值。」**有注意到嗎？我刻意不直接提「廚師」這個詞，是爲了賣關子，讓對方猜猜看我的職業。

來做個練習，如果你的工作是餐廳服務生，要怎麼描述呢？

我會這麼開頭：**「你去過餐廳吃飯嗎？」**等對方回覆後，再接著說：**「廚師完成一道料理後，需要靠我搭起橋樑，讓客人品嚐到他的用心，」**這裡可稍微停頓，或直接邀請對方猜測，以此例來說要猜到並不難，再接著回應：**「答對啦，我目前在某某餐廳，你聽過這家嗎？」**然後依照對方的回應來延伸話題（聊用餐經驗、美食喜好或分享工作趣事）。

如果你的工作比較特殊讓對方猜不到，或搞不太懂工作內容怎麼辦？很簡單，就繼續跟他玩遊戲吧！給點提示，邀請他再試一次，眞的想不到就公佈答案，也可以提供「獎品」鼓勵對方與你互動。獎品內容，像是**「我讓你問個問題，一定誠實回答」**，如果你們聊得氣氛很好，也可以用較玩笑的方式回應：**「好，獎品就是讓你有機會認識我！」**或是**「獎品等下次見面時給你！」**製造另一個互動或約會的合理藉口。

“資訊只是輔助，故事才是主角”

有一次，我接了協助婚友社會員提升互動能力的案子，在個別諮詢時認識了Toby。他是位工程師，如同許多婚友社會員一樣，本身職業、收入、個性等條件並不差，但因爲缺乏聊天技巧而單身。模擬練習中，Toby不斷介紹個人背景資料，就連提到出差經驗也犯了一般人常見的毛病：「我常到東京駐點，也會趁機去附近玩，所以對那邊滿熟的。如果你有要去日本玩，我可以分享實用的資訊喔！」

我告訴Toby，其實他有一大優勢：在日本旅遊及居住的經驗。然而，若總是透過提供資訊來換取好感，一來陷入了討好、追求的陷阱（第一堂強調過，絕對要避免），二來難以延伸話題，等於浪費了上好素材。「Toby，與其給旅遊資訊，你不如直接講個在日本的故事吧！」我給了這樣的建議。

於是，Toby開始說他趁連假買了JR套票玩了一圈，並列舉他走訪的都市與乘車路線。

「……以上就是我這次的日本之旅。」Toby說著。

「Toby，這些也都還是資訊呢！」我回覆。

「咦？哈哈，好像是誒！」Toby笑了出來：「沒辦法，平常工作都是一次把資訊講完，不然客戶或主管會不耐煩。」

「沒關係，Toby，你在這段旅程中，最喜歡的景點是什麼？」我問。

「我想想……應該是合掌村吧！那天我……」Toby分享了他在冰天雪地走了半小時後，終於吃到飛驒牛的過程，不只描述餐點多美味，還有身心都溫暖起來的感動。

聽完後，我忍不住大喊：「很棒！這就是你的決勝武器啊！」

要讓自我介紹的內容升級，除了資訊「量」增加，加入故事提升「質」更爲重要。回答問題或介紹自己時，若太偏重於傳遞資訊，也就只是給個人資料（喜歡看科幻類電影、工作是心理師、住在新北市），雖然能讓對方快速瞭解背景，但也容易把聊天搞得像面試或應徵工作，過於嚴肅生硬。故事的好處與重要性，在第二堂已經提及很多，它可以讓自我介紹變得輕鬆有趣，且在不知不覺間DHV（展現個人高價值），甚至製造聊天話題。

例如對方問：「你是做什麼的？」我會回應：**「我是諮商心理師，常去不同地方演講，而且我也滿喜歡這樣到處走走。像去年夏天我跑了趟花蓮，演講後多待了兩天，騎車到處玩。那邊的空氣很棒，海也超美，還發現一家隱藏的景觀餐廳哩！」**

用故事介紹自己，可在無形之中展現個人特質或優點。以這例子來說，會產生「他工作滿特別」「懂得休閒」「喜歡大自然」「對美食似乎有研究」等正面印象。另外，用故事來介紹自己，也比較容易引發共鳴、延伸話題，例如分享完可以問對方「你也去過花蓮嗎？」或「你工作也需要出差嗎？」若對方回應是「YES」，那就繼續聊下去吧！別忘了第三堂所學到的，穿插運用分享與發問的技巧。即使對方沒去過、不出差，你亦能多分享自己的故事，或另外詢問「那最近有去哪玩嗎？」「那你的工作是？」

看到這裡，你應該已經知道準備「人際履歷」的重要了：介紹時增加內容，避免只有一句話甚至一個詞，且結合資料與故事，自然展現優勢。還可以設計好「講完後要問對方」的問題，讓話題延伸下去。此外，靜下心來思考自己有哪些強項，或請熟識朋友給你回饋，將個人優勢寫下來，描述具體實例。同時也規畫想要增加怎樣的正向條件，從小目標開始累積成功經驗，一步步達成並提升自信。最後，別忘了外在形象的重要：還沒開口，當天穿著就已經開始替你自我介紹了！

5-3 開展關係的殺手：焦慮

當你做足準備，外在形象已經有所調整，且準備了充足的自我介紹，決定走出房門接觸人群，這時卻可能遇到另一個困境。

Alan在單位迎新上看到一位天菜，但卻碰一鼻子灰。「我準備上前搭話時，卻覺得喉嚨變緊變乾、腦袋空白糊成一團，最後只能坐在角落一整晚……後來才知道，隔壁同事當晚有跟對方聊起來，上週已經開始約會了。」Alan的語氣充滿無奈與遺憾，但更多的是不甘心。

發生什麼事了？這狀況可能出現在多數社交場合：參加活動時想認識某個對象、社團裡的學妹或學長、通識課坐附近的外系生、鄰近單位新來的同事……等。即使你鼓起勇氣上前與對方搭話，但臉頰很快開始發燙，眼神不由自主飄動，腦袋被「我這樣說OK

嗎？」「這樣會被扣分嗎？」「接下來呢？」塞滿。你說話開始不流暢，或是淪爲「喔」「嗯嗯」的回應，草草結束對話，不知要再說什麼。

事後你懊悔、尷尬並責怪自己「明明那些技巧方法都瞭解，怎麼實際上場變成這樣？」重複多次後甚至放棄不想再嘗試，還找藉口合理化「沒關係，就隨緣吧」。這是心理學的「習得無助感」（Learned Helplessness），不再相信自己可能會成功。如果你因爲過去多次的人際互動不順遂，挫折到已經開始懷疑人生，千萬別因此就放棄治療，這節會將你從這迴圈中解放出來。

“焦慮是互動中的小惡魔”

到底怎麼了？爲何臨場不斷出包？都是焦慮在搞鬼。它打亂你的計畫、干擾原本的互動能力，讓機會從手中溜走。更精確地說，它叫做情境焦慮（社交焦慮），在某個特定情境（時間、場景、人物對象）所引發短期、起伏大的緊張心情，例如搭訕、與好感對象約會、和不熟悉的新朋友聊天等。依照柯式心理辭典定義，焦慮的本質是「因擔心現在或未來可能會發生不幸、危險，而產生緊張與不安的情緒感受，等同於擔憂、害怕。」就像我們與對方搭話時，對未來的負面想像不斷縈繞心頭，進而渲染出更多緊張情緒。

多數情況下，焦慮的核心在於害怕得到負面評價。

「對方會不會覺得我很怪？」

「對方是否認爲我很無聊？」

「還是會覺得我長得很醜？」

「該不會他根本想閃人吧？」

這些疑問的背後，其實你早就有了預設答案：

「她一定覺得我很奇怪。」

「她大概認爲我很無聊。」

「他覺得我外型不及格。」

「他絕對在找機會落跑。」

當我們在意別人評量自己、害怕得到負面回應時，便會產生一系列的認知、情緒及行為反應，這就是特定情境的社交焦慮。那麼，這些焦慮到底從何而來呢？

“焦慮來源一：社交技巧不足”

最直接引起社交焦慮的原因是技巧不足，也就是自認缺乏足夠能力來因應。想想看，若戰場上敵我雙方都拿著雙手重劍，你只領到一把小刀就被推上陣，一定會覺得很抖，擔心自己走幾步就被秒掉；或者，因為前一晚幫人送消夜、寫報告，自己沒念書就去考期末考，十之八九認定自己會被當掉，而開始焦慮；又例如在沒有準備的情況下，突然被要求在會議中向主管、同事報告，也容易引發焦慮。社交技巧不足包括兩種層面：

知識層面

你不知道自己的穿著是否合宜，或找不到開場話題，不知如何分享故事吸引對方，不清楚怎麼透過發問延續話題、該怎樣展現出專心聆聽，不懂運用非語言訊息或讚美、幽默等諸如此類，當對方站在你面前，但你缺乏人際溝通、互動的基礎知識時，就會感到焦慮——因為不知不覺將自己當成沒念書就進考場的學生。

已進入到本書最後一堂課的你，知識層面的缺乏其實已經得到解決，你該做的除了再熟讀一次、寫筆記（用自己方式記錄，有助將內容更深刻存入記憶中），或持續吸收相關知識、與朋友討論，甚至參加讀書會、聽講座，都能讓知識更牢固。不過也要提醒你，知識需慎選。網路內容農場充斥許多似是而非，或滿滿性別歧視大平台的文章，例如過度用演化觀點解釋愛情、濫用性別刻板印象等。

選擇講師時，則要考量能否給予你想要的。講師的風格、專長各有不同，未必有絕對好壞，端看你的需求及目標。打個比方，若阿明想要的愛情關係是長期、穩定型，找強項是夜店搭訕、一夜情的講師似乎不太對勁；但若隔壁阿華想要遊戲式愛情，那這類講師自然是優先選項。所以要多參考對方專長、經歷，或是找機會「試聽」，從文章或影片內容來評估。對阿明來說，講師號稱百人斬、十二星座攻略王並沒什麼意義，應該要思考對方是否擅長維繫一段親密關係；但對阿華來說，講師這些背景代表能快速得到短期關係，就很有參考價值了。

實作層面

關於聊天技能的養成，聽過「三分天注定，七分靠打拚」這句歌詞嗎？學習讓你知道怎麼做，但持續練習才能進一步升級爲做得到。我遇過一些學員非常認眞在吸收知識，書櫃擺滿聊天術等相關書籍，也會上網看文章、影片，甚至願意參加各種教學講座、課程，這點非常值得肯定。然而，其中也有人因爲缺少實戰經驗、不熟悉臨場該如何操作，對自己能否發揮聊天技巧而憂心。也就是說，紙上談兵與眞實互動間的差距，會讓你焦慮。

實際練習的重要性不需我再提醒，關鍵在循序漸進、切勿越級打怪。可先從周遭較爲熟識的朋友開始，將所學技巧、觀念套用在聊天中。日常生活也是練習的好場景，例如每次購物時，練習眼神、手勢等非語言表達，一來對方是店員，通常會保持禮貌與微笑，降低你的焦慮；二來，買東西是個正當產生互動的情境，跟對方說話並不會怪異。當你能越來越自在看著對方，肢體也較爲放鬆後，便可練習在買東西時多聊一兩句：**「你們這邊生意好像不錯哩？」「除了這個，還有其他推薦的嗎？」**

不只練習對象要循序漸進，練習技巧、表達內容也都從簡單的小目標開始。絕對別小看這些細微的成功經驗，前述的「焦點解決短期治療」（Solution-Focused Brief Therapy，SFBT）就強調小改變能發揮滾雪球效應，帶來更大的改變。這些成功經驗將一點一滴增加你的信心與熟練度，讓你的互動技能不斷提升！

“焦慮來源二：想要好表現”

人們習慣在別人面前塑造出特定形象，尤其是面對想靠近的人，自然想有好表現，但又擔心表現不如預期。在ＰＵＡ（把妹達人）理論中，「ＤＨＶ」意指互動時展現個人高價值，進而吸引對方。例如運用肢體或聲音展露自信、不刻意討好、保有個人原則、在言談中提及個人優勢等。這是一個很棒的概念，但我遇過不少諮詢者，他們的焦慮恰好來自於「我要做好ＤＨＶ」的信念，越看重反而更容易掉進社交焦慮陷阱。

有些人會納悶，明明吸收許多技巧知識了，怎麼還是焦慮？其實，正是因爲你吸收多了才更焦慮。你可能會被一些規則綁住，要求自己刻意做到某個「特定模樣」，反而陷入泥沼、帶來焦慮。這些諮詢者與人互動時，滿腦子想著要表現高價值，例如讓對方覺得有趣、想法很棒、獨特觀點，男生想表現出Hold住全場的領導力，女生則傾向展現溫和好心腸。於是，一邊想著「我該怎麼做」，一邊擔心「這樣有ＤＨＶ嗎？還是不小心ＤＬＶ？」（Displaying Low Value，在互動中展現個人低價值）

爲什麼要這麼急呢？

雖然ＤＨＶ可達到吸引效果，但當你太堅持ＤＨＶ時反而容易弄巧成拙。例如：

你想要有趣，所以試著搞笑，或突兀地硬插進一個魔術表演；你覺得要有獨特觀點，而不斷發表己見、捍衛個人觀點，可能忽略對方或留下「好辯」的印象；你想營造領導氣氛，於是展現氣魄、讓自己成爲焦點，結果卻過於強勢；你想展現品味，言談間一直透露常買精品，但聽者只覺得你在炫耀。

DHV是循序漸進的。一開始就拋出過多高價值訊息，容易讓人「太飽」，別忘了「仰巴腳效應」：太過完美的人反而讓人想保持距離。其實，即使沒有刻意DHV，光是與對方自在的互動，便足以產生「能掌握情緒」「聊得來」「親切感」「和善性」等正面印象了。甚至可以這麼說：**自然地跟對方聊天，包括好好地分享故事、發問、聆聽，就已經是在DHV了！**（這句很重要，請自行腦補三次。）

別衝太快或追求完美，焦慮自然有效減輕。放輕鬆享受與人交流吧！

5-4 人際關係中的角色互動

我們的人際習慣，受過去原生家庭、成長過程、互動經驗影響而呈現不同面貌。有些特質對聊天有幫助，例如和善性、幽默感、樂觀、自信、冒險精神（不怕被拒絕而願意與人接觸）。然而，也會有些經驗或創傷，讓我們在人際互動中發展出某些模式，不知不覺破壞關係。雖然這些行為背後的動力，多是為保護自己、避免受傷、鞏固自尊，但卻容易影響我們與人建立良好關係。遇到這些類型的朋友、同事或約會對象時，往往也會讓我們感到不自在，一時半刻不知如何因應。在這一節，我會介紹幾種人際中較常出現的「角色」，提供其基本互動策略，讓你們關係較為順暢。另一方面，也可檢視自己是否具有這些特質，而有所覺察、調整。

「騎士：只為守護，不求回報」

人際關係中常見的角色之一，就是喜歡付出的騎士。他們對朋友很好，常注意到別人狀態如何、需要什麼幫忙，且忍不住主動提供協助。當別人表達需求時，騎士們即使自己再忙再累，仍會盡最大努力，甚至把自己事情往後擺，只爲了滿足對方。在愛情上，騎士更是不遺餘力地付出時間、心力或金錢，成爲俗稱的「工具人」，無止盡燃燒自己來照亮心儀對象。

這對關係的影響是什麼呢？雖然很容易取得信任與好印象，但也阻礙了自己的成長及發展，因爲你將所有資源都投注給周遭的人。愛情上，騎士常想像自己的犧牲奉獻，能在某天感動對方：「啊，原來你一直默默在我背後守護著。」然後願意交往。但如同第一堂談到「追求」有眾多壞處，騎士的所作所爲實在沒有太大效果，反而會被當成爛好人，最後眼睜睜看著心儀對象牽著另一人的手。有些騎士用自以爲是的方式付出，忽略了對方感受，無形中也傳遞許多壓力。當對方委婉拒絕時，騎士們會說：「是我自己願意做這些，妳不需回報。」「看到妳快樂，我就滿足了。」這時通常還要搭配一個苦笑，搞得像偶像劇主角般癡情。實際上在對方眼中搞不好像痴漢。

更何況騎士並非眞的不求回報。騎士索取的，是對方看見並感謝他們付出，因爲這是他們留住關係的方式。在成長過程中，或許是家庭或同儕經驗，又或者被偶像劇、漫畫影響，他們學到「付出才能讓對方喜歡我」的信念，並在人際互動中戮力實行。然而這些犧牲奉獻，一來辛苦自己，二來容易製造壓力：越想留住對方，反而將他推得更遠。如果你發現自己有這種習慣，建議放慢互動步調，別總以「幫忙」之名行「討好」之實。亦可透過心理諮商處理擔心失去關係、缺乏安全感的個人議題。

因應策略：當我們遇到喜歡幫助別人，卻不會做過頭的「見習騎士」時，關係通常穩定自在，甚至認爲對方是很不賴的朋友；但如果遇到那種爲了撫平內在缺乏的安全感，而一股腦兒爲你付出、緊迫盯人的「騎士隊長」，通常就會感到強烈壓力：接受好意感覺欠人情，拒絕對方又擔心太殘忍。因爲騎士通常有一顆玻璃心，嘴上說「沒關係」，但卻露出很受傷的表情，好像拒絕他就是壞人。然而，若我們界線不明，反而讓騎士誤以爲「他好像很喜歡我這麼做」而持續一頭熱。所以，當熱血騎士的行爲已經讓你感到不自在時，得清楚讓他知道。這不是要你板起臉、凶神惡煞般地回應，而是秉持「溫和但堅定」態度，用以下三步驟來設定界線：

1. **接球**：說出對方想幫忙或已經做的事實，讓騎士知道我們「看見」他的努力。

2. **拋回**：清楚說出不需要對方協助的理由，可以是想法也可以是情緒。例如想要自己解決、覺得有壓力等。

3. **收尾**：對騎士的善意表達感謝，讓對方知道，不需要協助不代表關係會生變。

如果你遇到菁英騎士，堅持要你收下他的好意怎麼辦？請持續重複以上三步驟，並透過非語言輔助（聲音放低、放慢），讓對方感受到你是認眞在表達拒絕。當然，如果你可以接受對方的部分幫忙，未必需要全盤拒絕，而是讓界線保持彈性。

“賢者：萬事好辯，理性至上”

我有位同學非常聰明、邏輯能力又好，但動不動就跟人「戰」起來。倒不是肢體衝突，而是常在討論事情時堅持己見，非要爭個對錯才罷休。如果在學術殿堂進行研究，或新聞節目針砭時事，這種習慣能啓迪更多人的智識、撞擊出不同觀點；但如果在日常互動中也如此嚴謹理性，就容易氣氛僵硬，令人感到不自在，甚至不禁納悶：「聊個天需要這麼認眞嗎？」「不過是隨口分享看法，有那麼嚴重嗎？」

賢者知識淵博、邏輯清晰，常思考隱藏在萬事萬物背後的原理原則，這讓他們成爲一位崇尙理性的人，且這份能力可用來解決生活、工作上的難題。然而，這也讓賢者過度使用此模式，隨時隨地發動技能，即使在輕鬆場合，也不知不覺鑽牛角尖，帶著「尋求眞理」放大鏡來看待別人的閒聊內容。

「你們看，這是我上週連假去石梯坪拍的，」Joyce 拿出她的手機，跟同事們分享。

「花蓮的海眞的好美！」「天氣很棒耶！」大家開始聊起來。

「沒帶相機去拍嗎？」平日有研究攝影的 Chuck 突然問這句。

「沒誒，手機比較方便啊，反正我拍起來差不多啦！」Joyce 自嘲著。

「不一樣啊，光是畫素就差很多了，而且拍景色我建議要搭廣角鏡，構圖比較壯觀。另外，天氣好應該要縮光圈，妳看這張有點過曝，也不夠銳利。」Chuck 開始侃侃而談他的攝影經，讓氣氛一下尷尬起來。

「Joyce，有去吃那家無菜單料理嗎？」一位同事看不對勁，趕緊扯開話題。

「有啊，我覺得那家啊……」同事們又開始聊回旅遊與連假的話題，Chuck 則自討沒趣回自己位子。

在這段描述中，Chuck 其實並非刻意要讓氣氛變嚴肅，只是想提供自己的專業知識。但當大家都聊著有趣話題時，這樣切入就顯得突兀、怪異，因爲在生活中許多對話，不是要找出一個解決策略或完美結論，就只是閒聊而已。

因應策略：若遇到這種「認眞魔人」怎麼辦呢？如果你對主題有興趣，可以參與討論。建議讓對方先分享看法，接著對認同之處表達肯定或讚美，若有不同意之處，也可以談個人觀點。但絕對不要跟對方分輸贏、一較高下，以免被賢者同化，開始舉辦天下第一辯論大會。提醒自己，只要輕鬆聊天就好，若對方堅持己見，就當成接觸不同想法、新知。對賢者來說，不怕跟別人戰，只怕沒人跟他戰！別隨對方起舞，對方自然不會跟你辯下去。

“商人：翻臉如翻書，利益擺中間”

精準計算每個行爲的利弊得失，仔細評估關係能帶來什麼好處，是商人的習慣之一。若他認爲你在某方面能提供幫助，會很願意花時間、精力來投資與你互動，讓雙方越來越熱。商人特色在於，可以憑著口才與微笑快速拉近距離，但也能在認爲「不需要」這段關係後，刻意疏遠甚至迅雷不及掩耳地拋下你，俗稱「過河拆橋」。

其實多數人也會篩選朋友與人脈，與不對盤、不適合的對象逐漸拉開距離，這本是人之常情，但商人之所以讓身邊的人不舒服，問題出在前後反差過於明顯：他們習慣透過關係滿足自己的某些需求，未必是金錢這種實質利益，也可能是身邊有人陪伴、充當軍師出主意、工作夥伴等。當你可以滿足這些需求時，他會對你噓寒問暖、滿口「Buddy」「好姊妹」「一起努力」「好感謝你」，然而一旦認爲你無法給予他要的東西，或找到其他可替代支援後，商人就會果斷地認賠殺出，將「資金」快速轉移到其他標的物上，留下傻眼的我們。

遇到商人，心情像洗三溫暖。剛開始因爲對方的付出（對他們來說叫「拉攏」）感到開心，卻可能因臨時被丟下而感到不解、生氣或難過。關係的失落，原本就不好受，尤其是前後落差這麼大的商人型朋友。

因應策略：面對商人最困難的是，我們有時還眞不好判斷對方是眞心接近，還是別有企圖。你可以找個安靜的地方，讓自己彷彿旁觀者般跳脫關係，看看彼此互動情況，並從三個方面評估：一是你們是否總在「交換」，即使他對你付出，也常透過暗示或明示，希望你滿足他的期望。第二，若你因故無法滿足對方時，他是否會開始拉開距離。最後，你們的關係本身除了涉及利益外，是否有額外互動？簡單來說，就是對方除了找你幫忙，還有沒有其他私交？

若你覺得眼前朋友的商人性格太重，未必要急著一刀兩斷，但要調整心態讓公私分明。對方仍可以是某方面的合作夥伴，但要提醒自己這段關係是立足於各取所需，比一般人際多了層特殊性，得做好隨時可能斷裂的準備。如果你能提供對方所需，且從中獲取自己想要的東西，這種商人朋友並非不能交。畢竟，這代表目前的你具有讓對方願意靠近的實力，但若實在不喜歡被利用，或不願承受過河拆橋風險，自然可以主動遠離。

「間諜：笑得你心底發寒的雙面人」

前述的商人以利益爲先，雖然也可能背叛你，但通常對事不對人，會避免不歡而散。但有種人，以操弄關係爲樂，用一張嘴挑撥離間，搞得大夥相互猜忌、鬧得不愉快，元凶卻因此漁翁得利。

「Frank 眞的很厲害耶，這次活動辦得很成功！」單位的老鳥 Amy 笑臉盈盈對著才進公司三個月的後輩說。

「Amy 姊妳客氣了，都靠大家幫忙啦！」Frank 禮貌回覆，心想有這樣的前輩眞不錯。

等他前腳一走，Amy 立刻換了張臉，轉身向旁邊同期的 Bella 抱怨：「這新來的也太愛出鋒頭了吧？自願擔任活動 leader 咧，硬要搞什麼創新！」不等 Bella 回覆，繼續說：「哼，我要去跟主任報告，他下班後還在外面兼差！」

「眞的嗎？」Bella 心想這又沒什麼，但擔心自己也被捅一刀，所以隨口附和。

「聽說的，但應該是吧！我先上樓。」Amy 逕自走出辦公室，準備「教訓」一下年輕菜鳥。

雙面人間諜，爲何專門探人隱私，伺機在背後攻擊呢？心理學大師阿德勒曾提出「自卑」與「卓越」理論，認爲人所有行爲都有其目的。我認爲，間諜之所以暗中破壞，是他們習慣以此取得「權力」與「關係」。許多間諜因爲自卑感、習慣推託，但又特別容易嫉妒別人能力（你不幫不行，但做了又惹一身腥）。他們表面客氣親切，但骨子裡總是用「競爭」的角度來看待互動。當你表現優異，或甚至只是把份內事做好做滿，都可能引發他們競爭心。表面紋風不動，私下因眼紅而「衝康」你，或拿放大鏡檢視別人一舉一動、見縫插針。原因無非是你刺激到他們嫉妒情緒之下「不如人」的自卑感，且別人有好表現會更凸顯出他的混水摸魚、坐領乾薪，當然要排除潛在威脅！

因應策略：間諜在人際關係中可說是魔王等級，其他 NG 角色要嘛明著來，要嘛不會沒事刻意攻擊你，但間諜喜歡讓周遭人們的關係紛亂，因爲越亂對他越有利：當大家相互猜疑時，間諜將成爲被所有人信賴的控制者。面對這種高手也別太焦慮，我們可用「三加一策略」來反制。

穩住情緒

生氣、不爽、作嘔是正常反應，但情緒化只會讓局面更糟。因爲他們擅長用親切笑臉讓大家站在他那邊，你的憤怒臭臉無法拉攏支援，反而「印證」了間諜散佈的謠言，讓眾人遠離。請記得：**「比你差的人，才會在背後捅你；比你優秀的人，根本沒空理你。」**既然知道對方充滿自卑，其實也沒那麼氣了，對吧。

拉攏同盟，建立信任

不是要你搞小團體，而是透過互動讓旁人看到「你不是他們聽到的那樣子」。只要大家對間諜的背地批評有所懷疑，就是扭轉局勢的開始。在職場中，還可以透過完成任務來影響同事、主管對你的印象，以實績展現實力，用眞憑實據來對抗暗中批評。

示弱藏鋒&大鳴大放

你的能力與成就，不需因爲間諜而捨棄；你想進步及成長，也不用因他而停滯。試著稍微「裝傻」，吹捧對方幾句讓他誤判情勢，以爲你歸順麾下。實際上，你還是鴨子划水持續前進，不受影響。若已打算向對方開戰，就將「示弱藏鋒」改成「大鳴大放」。既然他眼紅，乾脆就讓他更嫉妒吧！很多間諜本身能力並不強（因爲時間精力都花在找別人麻煩上），你的光芒會讓他更加刺眼。當你擁有比他更多的舞台與機會，如果決定硬碰硬，那就向前衝吧。

“公主&王子：你要的不是我，而是一種虛榮”

有種人不管你想不想聽，在辦公室或聚會上總是無止盡地聊著自己：「我怎樣」「我覺得」「我發生什麼事」，而且在生活與工作上異常遲鈍，當遭遇困難就開始找人幫忙：「我好想吃那家蛋糕喔，可是好難排到……你最近會去買嗎？幫我買一份。」「word 要怎麼取消換行箭頭符號啊？你幫我調一下。」

「哇，google 表單這麼方便喔，要怎麼用你教我。啊算了，你直接幫我做一個吧。」

「我不知道怎麼做耶……」（然後看著你）

你莫名其妙接下他們原本該做的事情，無奈地幫對方完成任務，得到一句「謝謝」「哇好棒喔」然後沒有了。這群公主&王子喜歡談自己事情，開心時要你稱讚附和，傷心時則來討拍取暖。他們通常自我感覺良好，別人幫忙是應該，只會在旁邊乘涼高喊「大家辛苦了」。如果事情不愼出包，絕對推得一乾二淨，認爲都是別人的錯，種種行徑常讓身邊的人咋舌傻眼。

阿德勒認爲「過度溺愛」會讓人們發展出「世界以我爲中心」的想法，期待所有人圍繞著他提供關心、照顧、幫忙。當需求總是被滿足，「我」會不斷放大，認爲別人爲他付出是再自然不過的事。然而這種自大表象的背後是空洞與心虛，因爲任何事情都有人幫你完成，等於剝奪了「靠自己成功」的機會，進而讓他們懷疑「我眞的有能力嗎？」「我是夠好的嗎？」

因此，公主或王子反而更致力於搜集眾人掌聲與吹捧，以躲避內心深處的自卑。

因應策略：他們有一種魔力，能讓身邊的人自願付出。除了喜歡被關注，有些公主或王子會刻意培養一群騎士團、親衛隊，享受眾星拱月、高高在上的感覺。偶爾給點好處，或若有似無地挑起旁人的競爭心態，好讓大家以他為中心、進而崇拜。陳勢安的經典歌曲《天后》就是在描述這種角色：

妳要的不是我，而是一種虛榮。有人疼才顯得多麼出眾。
我陷入盲目狂戀的寬容，成全了妳萬眾寵愛的天后。

看清局勢是面對公主王子的第一步，他們會讓你以為不斷付出才能得到關愛與認可。當你用理性跳脫關係，會發現這種互動不但辛苦，且會讓你越來越缺乏自信。有三個方向可以脫離公主王子的控制：

1. 設定界線

幫助與回應是有限度的，我們也有自己的工作與生活。當你不想支援時，請用溫和且堅定的口氣表明自身狀況：有事要忙、需處理工作、要先離開……等。對方已經被太多人寵壞了，千萬別再多你一個。

2.給予釣竿

若眞想幫助他，請別埋頭苦幹、好人做到底。善用心理學的「鷹架理論」概念，給對方幾個提示或範例，讓他自己接手處理，不要幫公主王子把事情都做完，而是讓他們擁有屬於自己的成功經驗，如此，對方才能建立內在自信，學會靠自己而非萬事都依賴別人。

自戀的公主／王子病患者，雖然讓人翻白眼，但尚無太強破壞力，只要謹記以上兩個技巧，別讓對方予取予求，用好口氣讓他知道你的難處，太多不會因爲你的拒絕反目成仇（通常會選擇去培育其他手下）。但若你已經跟對方鬧翻，或是想直接硬碰硬，那就試試最後一招吧。

3.視而不見

對需要掌聲、享受眾星拱月的公主王子來說，起爭議只會讓他營造出「被欺負好可憐」的苦情形象，用來吸引更多人關心、照顧他。這些自我感覺良好的公主王子，最怕的不是大家嗆他，而是不理他！如果你已經豁出去，不回應、不理會、冷處理，可以更快切割你們的關係。

“狂戰士：自以為大聲就贏了”

「你爲什麼都聽不懂？」

「妳爲什麼沒說清楚？」

「我就是覺得應該這麼做！」

我們文化素來以和爲貴，但偶爾還是會遇到脾氣很大的狂戰士。他們情緒起伏快速劇烈，可能前一刻還好好的，下一刻就因爲某件事情暴怒，而且直接用表情、聲音甚至肢體動作展現他們的煩躁與不滿。狂戰士如同巨大風暴，難以預測、不易防範，當你感到氣氛不對勁時，已經被捲入其中深受其害。

狂戰士很可能來自兩種背景：一是過去觀察到照顧者或重要的人，習慣用強烈情緒來溝通，耳濡目染之下以爲溝通就是要大聲才有效；另一種可能是過去經驗裡，他們的「聲音」總是被忽略，意見與需求不被當一回事，這讓年幼的他們累積了許多自卑感，害怕自己不重要。自卑是人們極盡想逃避的，有些人選擇討好別人而成爲騎士，有的則操控別人成為公主王子，若穿上厚重盔甲、張牙舞爪要對方遵照他的需求，就成為狂戰士。

因應策略：狂戰士讓人覺得無法控制情緒，人們也容易被他們激烈反應給嚇到（那副鎧甲的氣勢實在太強）。面對看似兇狠的狂戰士，得善用同理能力化解攻勢。對方森七七吼著：「你為什麼沒聽清楚？還要我說幾次？」時，很有可能隱藏著擔心，甚至害怕「你是否覺得我一點兒也不重要，所以不想聽我說話？」

當我們面對強烈戰意時，要嘛選擇與之一戰，要嘛乾脆逃為上策，兩種回應都可能激起他的自卑，用排山倒海的憤怒保護自己、攻擊對方。但若能試著去同理他暴躁之下的深層情緒，會發現他像是受了傷的野獸，謹慎遮掩傷口，也彷彿長年征戰沙場、已忘了如何脫下盔甲的戰士，在讓所有人想保持距離的冰冷巨劍下，有著疲憊不堪的靈魂。

試著感受、猜測對方情緒，並表達出你的同理，是面對狂戰士的最佳策略。同事因為你延遲了十分鐘交件而發飆，若你知道他是個完美主義者，就能合理猜測他憤怒下藏著焦慮，擔心自己無法做到最好，導致遲交。你在道歉之餘可以加上：「我有感覺到你因為我遲交而生氣，我猜你可能也會擔心自己被影響，沒能把案子做好？」

表達同理時，有四個重點：

1. **使用「我訊息」**（I-Message）：也就是以「我覺得」「我看到」等形式開頭，而非「你怎樣怎樣」的句子，避免狂戰士認為你在指責他，而用更強烈的火力來對抗。

2. **說出自己做的事情**：如範例中的「因為我遲交」，或是如「因為我剛才說了……」讓狂戰士知道，你有意識到他為什麼有情緒。

3. **用猜測語句表達**：不要斬釘截鐵說「你一定是很擔心」「你絕對是在焦慮」。因為我們沒有讀心術（是的，即使心理師也沒有），無法百分百確定對方的深層情緒，因此保留些彈性，別把話說得太滿，才不會讓對方有種「少自以為很懂我」的感覺。除了透過「我猜」造句外，「好像、可能、也許、大概」號稱諮商四寶，也能善加使用。

4. **使用中性或模糊詞彙**：目的同樣在避免過度猜測，且具有緩和對方情緒的效果。「我猜你可能也會擔心自己被影響」這個例句中，若我們將「擔心」換成「害怕」：「我猜你可能也會害怕自己被影響」，就顯得太重了。因為害怕情緒對大部分人來說過於強烈、負面。同樣道理，「沒能把案子做好」若說成「沒能把案子做到完美」，也可能腦補過頭，引發狂戰士啓動防衛系統。

總結來說，表達同理的基本句型為：

「我—（因爲）做了什麼—（引起）你的當下反應—（猜測）你的深層感受&想法。」

例如：**「我有發現我約了大家卻漏掉你，讓你感覺不太舒服，我猜你可能也會困惑，我是不是故意的？」**

又如：**「我注意到剛才插話讓你開始不耐煩，我猜可能是會給你一種不被尊重的感覺？」**

若同理到位，就能稍微緩減狂戰士氣焰：在乎的事情被看見了，不需再用強烈聲音與肢體來「提醒」周遭的人。情緒穩定下來，理性認知才較能發揮功效，好好討論事情、思考解決之道。若狂戰士仍然氣噗噗怎麼辦？如果可能，先暫離現場來降溫，但切記不要直接轉身就走，而是告訴對方理由。例如：「我感覺你正在氣頭上，現在或許不是討論時機，我們先休息一下，等會兒再談好嗎？」重點在表達「I will be back」，讓對方知道你不是想溜走、或忽略他的感受，而是因爲想好好處理才暫離。

以上六種，是我們在人際中容易遇到的棘手角色，剛開始會覺得互動很卡，甚至被踩到地雷而不舒服。偏偏有些關係無法輕易說斷就斷，不妨運用上述的因應策略，將雙方攻防當成提升經驗值的試煉，同時也提升自己人際能力。如果對方一直想越過你的底線，該斷開時還是得「溫和且堅定」地劃清界線、保護自己！

騎士哀歌

5-5 好奇，是所有關係的起點

「想交到好朋友，真的很困難耶！」

「我已經魯了二十幾年，到底該怎麼改變？」

「大家都說內涵很重要，但有沒有哪個特質對脫單最有用？」

在某場愛情主題演講，我開場時問了聽眾最想知道什麼，得到了以上這些回覆。這群聽眾大多單身，有人從沒交過女友，有人屢戰屢敗總是被打槍，有的甚至是邊緣人一族。大家共同的目標是，希望能盡快脫離魯蛇生活，在情場或人際關係上逆轉勝。

「那你們覺得呢？」我反問。

「應該是有錢，所謂車馬砲定律嘛」「很霸氣很Man，走那種總裁風格」「幽默啊，我朋友都靠一張嘴撩妹」「要好相處，大家才會喜歡你」……其他像是熱心、積極、聰明、顏值高、身材好等，都有成員們回應。其實這個問題有千百種答案，從幾百場演講、工作坊，以及超過三千人次的諮商經驗、諮詢故事裡，我找到一個最關鍵且最具吸引力（卻也最常被忽略）的特質：好奇心。

“對世界好奇：豐富你的生活”

見過不少人將所有精力投入某項專業或工作，放假寧可宅在家休息或繼續鑽研。學有專精絕非不好，怕的是走到極端困在象牙塔中，對於窗外風景沒有任何興趣。這往往導致與人互動、約會時只能聊專業內容，要嘛氣氛尷尬接不了對方話題，要嘛像在演講滔滔不絕，但對方卻一知半解、滿臉問號。我在這本書中，已不斷重複生活經驗、故事與聊天能力的緊密連結。生活經驗越豐富，人際與愛情吸引中優勢越大（當然，你得運用前幾堂的表達技巧）。

而讓我們增加生活故事的動力，就是對世界抱持好奇心。這將讓你願意接觸生活其他面向：美食、旅遊、時事、流行、體育、電影、3C、動漫、文學、音樂等。不需要（也不太可能）每一樣都花時間接觸，但務必涉獵覺得有趣的幾個領域充實自己。這些都將成爲互動時的基本話題，畢竟總不能在約會時一直跟對方聊某個專業理論、公式或評論時事吧？

對世界好奇的另一個重要功能，是讓你願意「走出家門」，累積有趣、獨特、親身經歷的故事，豐富生活。當你走出去接觸這世界，會發現許多有趣的事物，因而對這世界更好奇，更想把握時間探索，形成正向循環。這些經歷能幫助你的思考更彈性、開放，也將學習到「專業之外，但很重要」的生活技能。當你擁有更多「技能」「歷練」及眾多「眞實故事」可以分享後，才能讓別人看到你的特質、個性與優勢。請記住，**你不是在「追」對方，而是透過故事與背後的東西來「吸引」對方。**

“對自己好奇：發展興趣、挖掘優缺點”

對世界好奇會豐富你的生活，對自己好奇則是探索自己擁有什麼、喜歡什麼。我們青少年時期幾乎都以升學課業爲重，出社會後則遵循上面交辦的工作，似乎總有做不完的事情，造就沒時間思考自己是怎樣的人、喜歡什麼、想做些什麼，也少有機會練習為自己選擇、做決定。

對世界好奇是向外望，對自己好奇則是往內看，包括思考未來想走到哪裡，打算完成什麼理想、夢想，以及如何朝目標邁進，在此同時挖掘喜歡的事物，發展成長期投入的興趣或專長，並讓生活多元豐富。擁有目標與持續鑽研的興趣，會讓對方看到你的生涯藍圖，知道你不是汲汲營營或瞎忙，描繪自己未來計畫時的認眞神情，更是極具魅力。**所謂「上進心」不是單指「錢途」，而是未來潛力！**

對自己好奇，還包含弄清楚自己的優劣勢，改善不足之處，進一步運用已有的優點發展出更多優勢。

“對別人好奇：升級聊天互動能力”

即使有再多經歷、優點及未來藍圖，還是要透過語言來包裝、傳遞，也就是書中強調的「說故事」能力。聊天能力怎麼來？如同前面提到，並非全然天生註定，而是來自後天學習、練習。對別人有好奇心，願意與人互動才能累積經驗。剛開始互動，你未必很會哈啦閒扯，也不用油腔滑調耍嘴皮子，只要在別人聊他自己時，因爲好奇而去多聽、多問，並願意分享自己。不管對方是男是女，是你的菜或只是一般朋友，都要抱持著好奇心與人互動。**用好奇取代好感，將每次聊天當成練習以及更認識對方的機會；沒有失敗只有回饋，對方的回應能幫助你調整得更好**。所有互動技巧，包括故事建立、精煉升級、非語言表達、賣關子、發問、聆聽、肯定讚美、安慰、幽默等，都需要靠大量經驗不斷調整改進，才能駕輕就熟。如果對別人沒有好奇心，便阻斷了所有來往，光靠讀再多書籍或文章，效果畢竟有限，不但淪爲紙上談兵，也浪費了你擁有的經歷與優勢。所以，先從對別人有好奇心，並練習與人聊天開始吧！

以上三種「好奇心」，是脫離母胎單身或邊緣人最重要的特質，它不會讓你直接吸引對方，但會激發許多正向特質，讓你越來越成熟、成長，如滾雪球般帶來更多魅力！

好奇心也是「自信」的催化劑。自信說穿了就是在互動中展現你對工作、生活以及個人的熱情，多數人都不是高富帥、含金湯匙出身，或許現階段你的生活水平只是一般，但如果能找尋並設定目標，規畫如何有效率提升自己，就能逐步累積自信與熱情。這一切的出發點，便來自於你想嘗試不同事物的好奇心。

結語

越聊越動心

恭喜你，一路走到這裡。回頭看看，你吸收了哪些東西呢？

想建立良好關係，先從洗滌傳統觀念開始：嬰兒時期，人們爲了提升存活率需要關係；隨著年齡漸長，不只是因爲生理、利益、繁衍之類的理由，而是找尋提供支持與陪伴的戰友。在這忙碌、混亂的世界裡，我們冀盼有個避風港，於是試著接觸他人、認識朋友，甚至擁有伴侶。要拉近關係，倚靠的是互動能力，且如同所有其他技能，需要學習與練習。

互動的根本是聊天，聊天的本質是分享故事，而非給予對方一堆個人背景資料。爲了避免聊天無話可說，你需要先建立話題資料庫，包括流行時事、朋友經歷，但最重要是來自親身經歷的個人故事。走出家門、擴展生活是最重要的一步，並透過觀察力的培養，蒐集到越來越多素材。接著是精煉故事的時候，找尋亮點並描繪感官元素，讓你的各種經驗擁有豐富、可引發對方興趣的內容。分享時可以運用語調變化、表情與手勢輔助，打開肢體來營造輕鬆自在氣氛。聊天初期目的在於建立較多共通性，從相似故事、習慣中增加熟悉感，並分享個人心情、心得，更拉近雙方距離。

然而，別忘了聊天並非演講，而是互動。你擁有三樣武器：除了分享故事還能發問、聆聽。封閉式（是非與選擇題）、簡答式（填充題）、開放式（申論題）發問沒有絕對好壞，各有效果及優點，交互運用能製造最多的互動機會。設計好問題，融入故事成為QSQ組合，能降低被句點的機率且利於延伸對話。當對方「入坑」開始分享他的故事時，正是我們運用聆聽，來持續製造好感的時候。除了別急著插話、焦慮下一步該如何應對之外，最重要的是藉由眼神對焦、身體前傾、表情跟隨等非語言來展現你的專注，**重複對方話語、模仿字詞及簡短回應，能讓對方覺得「這個人懂我」，並持續與你推進關係**。

聆聽的同時，記得抽取對方話語中元素：背景與資訊是基本接話題材，對方情緒較為強烈之處也適合進一步詢問。當然，若你對某片段或關鍵詞有興趣，就從這邊切入吧！不論接話或提問，都是延伸話題的利器，影響關鍵是思考習慣：聚斂或發散。前者是多數人從小被訓練的模式，目的在歸納推理、經由固定流程找出正確答案；後者則是發揮創意，以更具彈性的聯想力打破框架，進行反應。試著在生活中多練習發散思考，別急著找尋標準解答。

與人互動的過程，不能直線衝到底，也不能呆站原地不前進。友好指標是用來評估關係進展、思考下一步的關鍵：對方眼神是否聚焦在你身上？表情是否輕鬆甚至常帶微笑？肢體是否逐漸靠近？對方聊天時是否會提及家人、負面經驗或過去戀情？或是否常分享情緒、感受、想法、價值觀等元素呢？當你蒐集到越來越多的友好指標，就可以嘗試往前一步，例如肢體的接近與接觸、分享更多心情與心得，甚至提到負面經驗來製造仰巴腳效應、共享秘密。且隨時觀察對方反應，看是否持續出現友好指標，來調整自己的進退。

當你擁有基本互動能力後，聊天時可挖掘對方的優點，並運用初層次「肯定」來表達認同，以及高層次「讚美」展現敬佩。在眞誠一致心態下，不但能讓對方更喜歡自己，也越來越樂於與你互動。朋友或約會對象難得吐苦水時，只要不是被當成心情垃圾桶，就別急著轉移話題或搞笑敷衍過去，也許你以爲是讓對方開心，反而被視爲一種拒絕。訴苦情境，正是你能否被列入「依戀對象」清單的重要指標，避免說出「別想太多」之類的NG句子，而是運用**聆聽—安慰—建議**三步驟模式，加上肯定讚美輔助，讓對方情緒被接住，並看見你的支持，且能實際處理問題。

互動中效果最好，也最需要經驗累積的，則是幽默。從分享有趣故事開始，運用停頓與問題製造懸疑氣氛，別一直講個不停，賣關子能讓互動更有趣。但請留意，幽默並不是抓著對方的弱點或糗事來取笑，而是運用誇張自捧、創造意外、刻意打鬧，以及輕鬆自嘲來展現。要培養幽默感，增廣見聞、多聽多看多觀察是基本功，與幽默息息相關的「創意」並非無中生有，需奠基於豐厚的先備知識。接著，讓自己在互動時放下焦慮，設定合理目標，別急著期待對方剛認識就喜歡你，如此才能在互動中輕鬆回應，製造更多幽默氛圍。最後，訓練自己的發散思考與聯想力，不但是延伸話題的關鍵，也是幽默感的核心要件。

實際上戰場與人聊天交流前，別忘了剔除「金玉其外，必定敗絮其內」這種陳腐觀念。建立合宜外在形象，能讓對方在初次見面／約會就對你有好印象。此外，事先準備人際履歷，包括社交中容易出現的問題、不同版本自我介紹；內容除了資訊，更重要的是以故事爲主角。接著，瞭解焦慮的本質與成因後，生活中多把握練習聊天的機會，提醒自己別把聊天當成面試。不論是與新朋友接觸、和好感對象約會，在關係初期我們該做的沒有想像中複雜，不過是分享有趣生命經驗，並透過邀請（挖坑）也讓對方分享而已。

生活中難免會遇到一些NG角色：一股腦兒付出的騎士、事事要辯的賢者、只重利益的商人、背刺很會的間諜、討拍第一的公主/王子、容易暴怒的狂戰士。若身邊有這樣的朋友、同事，除了運用第五堂課的技巧因應，不妨視爲一次修煉機會。當然，也要留意自己是否也成爲別人眼中的NG人，無意中破壞了關係。

本書進入尾聲，你的旅程才正要開始。「好奇心」是我想送給你的最後禮物：對世界好奇，拓展生活圈、豐富生命故事，將擁有聊天話題及更多特質可展現。對自己好奇，釐清優勢及盲點，並規畫時間與生涯目標，會累積更多自信。對別人好奇，嘗試聆聽對方的生命故事、生活點滴，將讓你越來越喜歡與人聊天，且透過經驗增強互動能力。

人與人之間的交流非常有趣，我們藉此增廣見聞、擁有更寬廣的視野，並從中找到能給予支持、照顧的避風港，甚至是長久相伴的交往對象。帶著從書中得到的學習，勇敢踏上新旅程吧！祝福你！

國家圖書館出版品預行編目資料

一開口撩人又聊心：被異性喜歡，被同性肯定，不冷場、不辭窮、不尷尬、不被句點的人際互動課/ 瑪那熊（陳家維）著. -- 初版. -- 臺北市 : 如何, 2018.07

304 面；14.8×20.8公分 --（Happy learning ; 168）

ISBN 978-986-136-513-8（平裝）
1. 說話藝術　2.人際關係
192.32　　107007324

Eurasian Publishing Group
圓神出版事業機構
用心與你對話・視野無限寬廣
如何出版社
Solutions Publishing

www.booklife.com.tw　　reader@mail.eurasian.com.tw

Happy Learning 168

一開口撩人又聊心：

被異性喜歡，被同性肯定，不冷場、不辭窮、不尷尬、不被句點的人際互動課

作　　者／瑪那熊（陳家維）
發 行 人／簡志忠
出 版 者／如何出版社有限公司
地　　址／台北市南京東路四段50號6樓之1
電　　話／（02）2579-6600・2579-8800・2570-3939
傳　　真／（02）2579-0338・2577-3220・2570-3636
總 編 輯／陳秋月
主　　編／柳怡如
責任編輯／尉遲佩文
專案企畫／沈蕙婷
校　　對／柳怡如・尉遲佩文
美術編輯／林韋伶
行銷企畫／張鳳儀・陳禹伶
印務統籌／劉鳳剛・高榮祥
監　　印／高榮祥
排　　版／莊寶鈴
經 銷 商／叩應股份有限公司
郵撥帳號／ 18707239
法律顧問／圓神出版事業機構法律顧問　蕭雄淋律師
印　　刷／祥峰印刷廠
2018年7月　初版
2024年6月　26刷

定價 300 元　　ISBN 978-986-136-513-8